教師とカウンセラーのための
学校心理臨床講座

定森恭司 編

前田由紀子
中村美津子
花井　正樹
定森　露子

昭和堂

推薦の序

京都大学大学院教育学研究科教授
医学博士・臨床心理士　山中康裕

　ここに、本書、『教師とカウンセラーのための学校心理臨床講座』を世に問う意味と、若干の推薦の言葉を書くことができることを嬉しく思う。
　それは、20世紀の高度成長やバブル経済、情報革命などを経過したあと、21世紀を迎えて、日本はこれまで考えられなかったような現代文化状況の変容、とくに、さまざまな産業的・社会的・歴史的・文化的発展を成し遂げた。その中で学校は大幅にその位置づけも変わり、中に暮らす教師や児童生徒や、それを取り囲む保護者や地域社会も大幅に変わってきた。そして、昨今の小・中学生の殺人事件に端的にみられるように、児童・生徒は多様な悩みを抱えたり、さまざまな問題を起こしたりすることが噴出して、いまや、学校は前代未聞の混沌の状況にあるといって過言ではない。そんな中、文部科学省（当時は文部省）と日本臨床心理士会、日本心理臨床学会、日本臨床心理士資格認定協会の3者の協力態勢の下、1995年度から始まったスクールカウンセラー（以下SCとする）の制度は、当初は、SC活用調査研究委託、そして、2001年度からは、SC活用事業補助として、施策が変わるだけでなく、その人員も大幅に増加して、いまや、スクールカウンセラーの名を知らぬ学校関係者はいなくなったといってよいが、当然ながら、SCに要求される活動は、各地域各学校によってまったく異なり、もちろんのこと、各カウンセラーによっても微妙に異なるが、毎年新しく配属されるSCの人にとってはもちろんのこと、それを受け入れる教師らにとって、これまでのSC活動の経験の集積から、より適切な指南書が希求されるのは、理の当然のことであろうと思われる。その意味で、早くから、そうした一段階ステップアップした視点から、SC活動の在り方を見つめ、その研修講座を開いて、実践を重ねて来られた本

書執筆陣の活動は大いに評価に値するものと思われた。当然ながら、相談室へ通ってこられるクライエントを迎えるタイプの、心理臨床の従来型の考えでは、学校臨床は全くらちがあかない現実がある。本書は、学校とはいかなる構造をもった社会であり、それを構成する教師集団はいかなるもので、現今の児童・生徒は、いかなるタイプの悩みを抱えているか、はもちろんのこと、SCは、それらに対していかなる姿勢で関わっていかねばならないかについて、長年の経験を集積しそれを適宜抽象化して、つまり、理論的把握を施すことによって、それらの問題の把握の仕方や対処の仕方を考えていく際に、何をどう考えていくか、について、いろんな角度から懇切丁寧に説いているのである。しかも、臨床心理士のみの観点でなく、教師側からのそれも加えて、両者の、絶妙なタイアップの上にしか、これらの解決策は出て来ないのだと説いているわけで、本書は、そういう意味で、こうした方面に関心をもつ向きには絶好の指南書の一つであると確信する。その証拠として、読者は、例えば、本書183頁の具体的事例を読んでみて欲しい。それは日常学校で遭遇するごく身近な事例であるが、ひとつ間違うと教師とSCでまったく異なる把握が現出してしまう。それをどう克服して行くかが手に取るように把握されるに違いない。

　そもそも本書を何とか出版できないかと持ちかけてこられたのは、本書の執筆者の一人でもある中村美津子さんであった。ファイルに挟んだ分厚い原稿の束を手に携えてのことである。彼女は京都大学大学院の私のかつての教え子であった。しばらく目を通して、これは、現在行われているスクールカウンセラー（SC）制度の中でとくにこれから新しく参入していく臨床心理士にとって格好のテキストであると直感できたが、いくつかの章で、まだ未分化なあら書きの部分が散見され、それらを今少し洗練されたらいかがか、とアドヴァイスしてお返ししたのだった。かくして、推敲を重ねて出来上がったのが本書である。今度は、これを出版してくださる書肆を探すのが私の努めとなった。幸い、以前からの知り合いで、教育と臨床の問題に造詣の深い大石泉さんにたどりつき、氏に、出版の意味は大いにあるが、出版の可能性

の打診をお願いしてみたのである。結果は、ここに見る通りで、かくして本書は陽の目をみることになったのである。本書が、これからSCになっていかれる方はもちろんのこと、従来すでに従事している方々や教師の方々、あるいは保護者の方々にも、おそらく目からうろこがおちる体験をなさること必定であると思うので、本書を、こころから推薦する次第である。

2004年11月18日　宇治の草庵にて

はじめに……

新しいパラダイムが求められる学校心理臨床

　かつて、学校は閉鎖的と言われてきた。しかし、今や学校は、スクールカウンセラー活用事業の制度化に代表されるように、「開かれた学校」を目指して大きな変革期に入っている。とくに、スクールカウンセラー活用事業は、教育現場に教職員以外の外部の専門家が参入する意味で画期的な出来事と言える。しかしながら、長く教職員の砦として聖域化されてきた学校運営に、心理臨床の専門家を始めとする異職種が参画していくことは決して容易なことではない。この事業が意味ある制度として今後真に定着していくためには、関係者による数々な創意工夫だけでなく、旧来の発想の大胆な転換や意識改革が必要となり、実践を基礎づけるためのしっかりとした土台部分の構築が必要となる。

　学校での心理臨床の実践には、これまで学校外で培われてきた臨床心理学の応用ではなく、学校心理臨床独自の新しいパラダイムの構築を必要とするというのが、教職員とともに心理臨床を実践してきた当講座の講師たちの共有する思いである。

　実は、こうした思いを抱いた講師たちが集い、それまでの長いスクールカウンセリング活動や教職員と協働した学校教育相談体制づくりへの実践例の積み上げから、学校心理臨床独自の概念や理論をまとめだしたのが、平成12年頃のことになる。その後、この研究の成果は、中部圏地方の臨床心理士・教職員・大学院生を対象とした、「学校心理臨床講座の毎年の開催（心理相談室"こころ"が主催）」へと繋がっている。本書は、こうした実践－理論化－講座の主催－理論の見直しの繰り返しを経て結実していった研究成果をまとめたものである。

　生活の場に身を置く学校心理臨床では、内界重視の伝統的個別心理臨床と

比較すると、心の内外の多層多次元にわたる見立てやアプローチが必要と考えている。例えば、ある児童生徒のある問題行動や症状には、その児童生徒の内界のテーマや、その児童生徒の所属する家庭、クラス、学年、学校……大きくは地域社会や文化の影響が複雑に絡み合って織り込まれていると考えられるのである。ここには、「部分に全体が織り込まれる」というホログラフィック・パラダイムが成立する。

　このパラダイムに基づくと、特定の児童生徒に対する個別カウンセリングの充実ばかりでなく、不特定多数の児童生徒の健全な発達を促進したり、家庭や地域社会を支援していくような「相談体制づくり」も重要となってくる。また、異職種同士が協働していくために、コラボレーション感覚を磨く必要が出てくる。実践方法としては、「カウンセリング」ばかりでなく、「コーディネート」「ケースマネージメント」「ネットワーキング」「心理教育的活動」「危機介入」といったキーワードに代表される外界調整型の活動も重要となるのである。また、このような新しいアプローチを学ぶ場合には、これまでの概念や常識を超えていくような「新たな感覚」を身につけていく必要がある。「知的学習」とともに、「体験的学習」が不可欠となってくるのである。

　そして、こうした新しいパラダイムに基づく学校心理臨床の実践は、旧来の学校文化と臨床心理学文化のせめぎ合いの狭間に、「新しい学校教育文化」や「新しい臨床心理学」を創造することになる。

　当講座は、上記のような学校心理臨床の実践に関する「臨床の知」から構成されている。従って、講座の内容は、学校心理臨床にこれから携わろうとする臨床心理士や学生、教職員から、すでにスクールカウンセリングや学校教育相談にかかわっている初任者から中堅の方に役立つばかりでなく、ベテランの方々の日頃の活動の整理の一助になるのでないかと思う。

　本書の出版化にあたっては、金桶真理、佐々木栄子さんをはじめ心理相談室"こころ"のスタッフ等には大変お世話になりました。実践を通じて交流

を図らせていただいている学校教育相談関係者の方々にも感謝を述べたいと思います。また、鵜養美昭・啓子ご夫妻には、スクールカウンセリングを学校教育現場や教育行政に実践的に位置づけていく上で、長年に渡って貴重なご示唆をいただきました。また、昭和堂の大石泉さんには、この本の誕生まで根気よくおつき合いいただきありがとうございました。そして、今回、山中康裕先生には、ひとかたならぬお力添えをいただいたことに心から感謝申し上げます。

　　　　　　　　　　　　　　　　　　　　2004年12月

　　　　　　　　　　　　　　　　　　　　編者　定森恭司

contents
目次

教師とカウンセラーのための
学校心理臨床講座

推薦の序 i
はじめに　新しいパラダイムが求められる学校心理臨床 v

第1回　学校心理臨床とは　　　　　　　　　　　　　　　定森恭司

第1章　新しい学校教育文化の探求 002
　1）「文化の病」 002
　　(1) 文化の病 002
　　(2) 学校心理臨床における文化の病の視点の導入 003
　　(3) 新しい教育文化の創造づくりへの参加 004
　2）「家庭指導」から「家庭援助」への転換 004
　　(1) 家庭支援機能の充実化 004
　　(2) 一次相談機能と二次相談機能のネットワーク化 006
　　(3) 教育相談の枠組みづくり・構造化への努力 006
　　(4)「コミュニティの場」としての学校（地域社会に開かれた学校） 007
　　(5) カラーパレットとしての学校 010
　　参考文献 011

第2章　学校心理臨床の特徴 012
　1）異文化交流的要素 012
　　(1) 学校文化と臨床心理文化：せめぎあいとしての学校心理臨床 012
　　　●1● 2つのアプローチ 012
　　　●2● 異文化交流開始当初の困難 013
　　　●3● 異文化交流とアイデンティティ 015
　　(2)「個と集団」の視点の統合化へ 015
　　　●1● 個別重視に抵抗感を抱く教師 015
　　　●2● 個別的援助が集団に与える影響 016
　2）非治療的、発達促進的要素 017
　　(1) 医療モデルからの脱皮 017
　　　●1● 医療モデルとの違い 017
　　　●2● 心の世界で、「治す」ということについて 018
　　　●3● 共に傷負い人 019
　　　●4● 生きることを支える 021
　　(2) 日常性と非日常性 022

（3）生活現場に身を置く心理臨床 ································· 024
　　●1●身をおくことの意味 ······································· 024
　　●2●見えないものの影響 ······································· 025
　（4）多様な面接構造 ··· 027
　　●1●面接構造 ··· 027
　　●2●相談構造と面接構造 ······································· 029
　　●3●いろいろ想定される活動場所 ······························· 030
　（5）問題解決の主役としての児童・生徒を育てる ··················· 031
　　●1●問いかける力 ··· 031
　　●2●問題を抱え込める力を育むもの ····························· 031
　　●3●子ども自身が問題解決の主役 ······························· 032
　3）特定対象から不特定対象まで ··································· 033
　（1）5つの活動 ·· 033
　　●1●カウンセリング ··· 033
　　●2●コンサルテーション ······································· 033
　　●3●コーディネート ··· 034
　　●4●心理教育的活動 ··· 034
　　●5●危機介入 ··· 035
　（2）要保護性と健全育成 ··· 035
　（3）関係育成的 ··· 036
　　●1●適切な自我形成のための器 ································· 036
　　●2●学校と外的世界の橋渡し ··································· 038
　（4）コラボレーション（協働）の重視 ····························· 038
　（5）教育相談システムづくりへの参加 ····························· 040
　　●1●心の器づくり ··· 040
　　●2●教育相談システムづくりの重点化 ··························· 041
　　参考文献 ··· 042

第2回　学校心理臨床における見立てとその方法　　　　前田由紀子

第1章　学校心理臨床における見立て ································· 046
　1）臨床心理学における見立てとは ································· 046
　2）学校心理臨床における見立ての特徴 ····························· 047

(1) 3つのポイント･･･047
　　　(2) 4つのキーワード：「直接性」「多変量性」「関係性」「全体性」･････048
　　　(3) 「見立て」の対象･･････････････････････････････････････050
　　3) 「学校」という場での「見立て」の実際････････････････････････050
　　　(1) 「この」の見立て･･････････････････････････････････････050
　　　(2) 「見立て続ける」ということ－プロセス的理解－････････････052
　　　　●1●過去〜現在の見立て････････････････････････････････052
　　　　●2●未来へ向けての見立て･･････････････････････････････053
　　　(3) 「場からの転移・逆転移」･･････････････････････････････054
　　参考文献･･055
第2章　学校心理臨床における見立ての材料･････････････････････････056
第3章　学校心理臨床における見立ての視点･････････････････････････057
　1) 見立ての視点･･057
　2) 心の内外を見立てる･･････････････････････････････････････057
　　(1) 「心の内外を見立てる」とは？･･････････････････････････057
　　(2) 学校心理臨床における「心の内外を見立てる」ことの意味････059
　　(3) 「心の内外を見立てる」の実際･･････････････････････････060
　　　●1●事例1　教師側とIP自身の外界認知に差がある場合･･････061
　　　●2●事例2　外界の操作で「問題行動」が収まる場合････････062
　3) 多層多次元的見立て･･････････････････････････････････････062
　　(1) 「多層多次元的見立て」とは？･･････････････････････････062
　　(2) 「多層多次元的見立て」の実際･･････････････････････････064
　　　●1●事例1　学校を比較する－θ校とγ校の比較から考える－････064
　　　●2●事例2　学校風土の差から来る生徒の不適応感の違い･･････066
　　参考文献･･067

第3回　学校心理臨床の流れと活動内容･･････････････････････前田由紀子

第1章　学校心理臨床の時系列的流れ･･･････････････････････････････070
　1) 学校に入るまで・入って直後････････････････････････････････070
　　(1) この時期の活動の目的･･････････････････････････････････070
　　　●1●ニーズを知る：学校・雇用主体のニーズを知る･････････071
　　　●2●ラポールの形成･･･････････････････････････････････072

●3●見立て……………………………………………………………………072
　　　●4●資源調査…………………………………………………………………073
　　　●5●契約………………………………………………………………………073
　　(2) 着任するまでに確認しておいた方がよいこと………………………………073
　　　●1●事前訪問…………………………………………………………………073
　　　●2●事前協議…………………………………………………………………074
　　　●3●SC担当者…………………………………………………………………074
　　　●4●SCの物理的な居場所の確認と確保……………………………………075
　　　●5●生徒・職員への紹介・挨拶の有無……………………………………076
　　(3) 着任直後の実際の活動…………………………………………………………076
　　　●1●自己紹介…………………………………………………………………076
　　　●2●行事等への参加…………………………………………………………076
　　　●3●各校務分掌への挨拶・接触……………………………………………076
　　　●4●個別面接…………………………………………………………………077
　　　●5●学校内外の観察…………………………………………………………077
　　　●6●職員室等で接触できる教職員と話してみる…………………………077
　2) 最初の1年……………………………………………………………………………077
　　(1) この時期の心がけ……………………………………………………………077
　　　●1●「すぐには乗らない」、「むげには断らない」………………………077
　　　●2●気負わない・無理をしない……………………………………………078
　　(2) 最初の1年の活動の目的……………………………………………………079
　　　●1●学校の流れを味わう……………………………………………………079
　　　●2●「相談構造」の見立て…………………………………………………079
　　　●3●コーディネート…………………………………………………………080
　　(3) 最初の1年の実際の活動……………………………………………………081
　　　●1●行事への参加……………………………………………………………081
　　　●2●校内の会議・委員会等への参加………………………………………082
　　　●3●カウンセリング…………………………………………………………082
　　　●4●コーディネート：IPの関係者と会う…………………………………083
　　　●5●スーパービジョンの必要性……………………………………………083
　3) 2年目以降……………………………………………………………………………083
　　参考文献…………………………………………………………………………………084
第2章　学校心理臨床の活動内容…………………………………………………………084

1）活動概要 ……………………………………………………………084
　(1) SCの活動の実際 − その内容と対象 − ……………………084
　(2) SCの活動の時系列的流れ ……………………………………085
2）カウンセリング ……………………………………………………086
　(1) 学校心理臨床におけるカウンセリングの特徴 ………………086
　　●1●対象 …………………………………………………………086
　　●2●4つのキーワード：「直接性」「多変量性」「関係性」「全体性」から …………086
　　●3●「生活現場の中で行われる」ということ −「場からの転移」への配慮 − …087
　(2) 初回面接 …………………………………………………………088
　　●1●目的その1：インフォームドコンセント …………………088
　　●2●目的その2：来談意欲・目的の明確化 ……………………088
　　●3●目的その3：学校の相談構造の見立て ……………………089
　　●4●目的その4：ケースフォミュレーション …………………089
　(3) 保護者に対するカウンセリング ………………………………090
　　●1●その効用 −「繋ぐ」「開く」− ……………………………090
　　●2●留意点 ………………………………………………………090
　(4) 児童・生徒に対するカウンセリング …………………………091
　　●1●留意点1：時間の設定 ……………………………………091
　　●2●留意点2：期間の限定 ……………………………………092
　　●3●留意点3：契約 ……………………………………………092
　　●4●留意点4：保護者の同意 …………………………………092
　　●5●留意点5：守秘義務 ………………………………………092
　　●6●相談室以外での面接 ………………………………………093
3）コンサルテーション ………………………………………………094
　(1) そのプロセス ……………………………………………………094
　(2) コンサルテーションの種類 ……………………………………094
　　●1●クライエント中心の事例コンサルテーション ……………094
　　●2●コンサルティ中心の事例コンサルテーション ……………095
　　●3●対策中心の管理的コンサルテーション ……………………096
　　●4●コンサルティ中心の管理的コンサルテーション …………096
　(3) 相互コンサルテーション ………………………………………096
4）コーディネート ……………………………………………………097
　(1) コーディネートの目的 …………………………………………097

(2) 校内ネットワーキングのためのコーディネート……………097
　　(3) 守秘義務に関して………………………………………………098
　　(4) 校外ネットワーキングのためのコーディネート……………099
　　(5) コーディネートの実際…………………………………………100
　5) 心理教育的活動……………………………………………………101
　6) 危機介入……………………………………………………………102
　　参考文献………………………………………………………………105

第4回　学校心理臨床における相談構造づくり……………中村美津子

第1章　「学校の事例」とは……………………………………………108
　1) 学校の事例の特徴…………………………………………………108
　　(1) 何故「学校の事例」か？………………………………………108
　　(2) 学校教育相談の中での「学校の事例」………………………108
　　(3) 「学校の事例」の成立と援助という関わり…………………110
　2) 「学校の事例」と「事例性」……………………………………111
　　(1) 「事例性」の見立て……………………………………………111
　　(2) 事例性と疾病性との関係………………………………………111
　　(3) 「学校の事例」と「事例化（事例になること、事例とすること）」の見立て……112
　　(4) 「学校の事例」に特有な「事例化」…………………………113
　　参考文献………………………………………………………………113
第2章　「相談構造づくり」……………………………………………114
　1) 相談構造の役割と意味……………………………………………114
　　(1) 相談構造とは……………………………………………………114
　　(2) 相談構造の役割…………………………………………………115
　2) 相談構造づくり……………………………………………………116
　　(1) 「今ある相談構造」から「望ましい相談構造」へ…………116
　　(2) 児童期・思春期の心性からみた相談構造づくり……………116
　　(3) その事例の「相談構造」を見立てる…………………………117
　　(4) 「相談構造づくり」の実際……………………………………119
　3) 「面接構造」と「相談構造」……………………………………121
　4) 既存の支援体制の見立てと活用…………………………………122
　　(1) 一般的な教育相談の流れと諸機能……………………………122

●1●教育相談の流れ ………………………………………………………122
　　●2●日常的把握や発達の基盤づくりの担い手 ………………………………123
　（2）"その学校"の教育相談体制の流れと事例化、相談構造づくり …………125
　　●1●"その学校"の教育相談体制と流れ ………………………………125
　　●2●教育相談の流れと事例化、相談構造づくり ………………………126
　（3）"見える"相談体制 …………………………………………………………127
　　●1●相談体制が"学校内"で"見える"ということ ……………………127
　　●2●相談体制が"学校外"から"見える"ということ …………………128
　（4）学校外の支援体制の見立てと活用 ……………………………………129
　参考文献 …………………………………………………………………………129
第3章　守秘義務と教職員とのネットワーキング上の問題 ……………130
　参考文献 …………………………………………………………………………131

第5回　教師が語る「学校心理臨床に求めるもの」 ……………花井正樹

はじめに ………………………………………………………………………………134
　1）学校に対する認識の変化 ………………………………………………134
　（1）戦前の状況 …………………………………………………………………134
　（2）戦後の状況 …………………………………………………………………135
　2）学校は必要か ……………………………………………………………137
　3）学校組織の特色 …………………………………………………………139
　4）教師文化の特色 …………………………………………………………143
　（1）矛盾性 ………………………………………………………………………143
　（2）同質性 ………………………………………………………………………144
　（3）再帰性 ………………………………………………………………………145
　（4）不確実性 ……………………………………………………………………145
　（5）権威性 ………………………………………………………………………147
　（6）無境界性 ……………………………………………………………………149
　（7）使命感 ………………………………………………………………………149
　（8）おわりに ……………………………………………………………………150
　参考文献 …………………………………………………………………………151

第6回　学校心理臨床の研修のあり方･･････････････････定森露子

第1章　学校に役立つ研修････････････････････････････154
　1）研修を見立てる････････････････････････････････154
　　はじめに･･154
　　(1) 学校の状況と研修依頼の背景････････････････････154
　　　●1●依頼のルート････････････････････････････････154
　　　●2●学校にとっての必要性････････････････････････155
　　　●3●研修依頼の背景としての学校状況････････････････155
　　(2) 学校臨床心理士の状況････････････････････････156
　2）必要な研修の決定と実施････････････････････････156
　　(1) 決定までのプロセス････････････････････････････156
　　　●1●誰と話をすすめるか･･････････････････････････156
　　　●2●公式か非公式か････････････････････････････157
　　　●3●内容の検討････････････････････････････････157
　　(2) 研修内容の決定と実施上の注意点････････････････157
　　　●1●内容・実施方法の決定････････････････････････157
　　　●2●広報････････････････････････････････････158
　　　●3●時間････････････････････････････････････158
　　　●4●資料････････････････････････････････････158
　　　●5●会場････････････････････････････････････159
　　　●6●報告・感想････････････････････････････････159
　3）研修の種類････････････････････････････････････159
　　(1) 知的学習････････････････････････････････････159
　　(2) 体験学習････････････････････････････････････160
　　(3) 事例研究････････････････････････････････････160
　　　●1●事例研究とは･･････････････････････････････160
　　　●2●事例研究の意義････････････････････････････161
　　　●3●事例研究をするときの注意点････････････････････161
　　　●4●問題行動について･･････････････････････････162
　4）ホロニカル・スタディ法 (HS)････････････････････････162
　　(1) ホロニカル・スタディ法とは･･････････････････････162
　　　●1●背景と成りたち････････････････････････････162

（2）その基本的考え ……………………………………………………… 163
　　　●1●問題解決の基本姿勢 …………………………………………… 163
　　　●2●問題解決の方法は「技術」である …………………………… 163
　　　●3●理論 ………………………………………………………………… 164
　　（3）ホロニカル・スタディ法の実際 ……………………………… 164
　　参考文献 ………………………………………………………………… 164
第2章　学校臨床心理士の自己研修 ……………………………………… 165
　1）新しいパラダイムを学ぶ ……………………………………………… 165
　2）個別研修 ……………………………………………………………… 166
　3）研修会、研究会への参加 ……………………………………………… 166
　4）幅広い人的交流 ……………………………………………………… 166
　5）異文化への関心 ……………………………………………………… 167
　　参考文献 ………………………………………………………………… 167

第7回　演習　………………………………………………………定森露子

第1章　演習について ……………………………………………………… 170
　1）演習の目的 …………………………………………………………… 170
　2）方法 …………………………………………………………………… 170
第2章　演習の実際 ………………………………………………………… 171
　1）演習全体の構成 ……………………………………………………… 171
　2）演習1 ………………………………………………………………… 172
　　（1）状況1・言いっぱなしの窓口の先生 …………………………… 172
　　　●1●課題 ……………………………………………………………… 172
　　　●2●課題の提示 ……………………………………………………… 172
　　　●3●考える視点 ……………………………………………………… 172
　　　●4●まとめ …………………………………………………………… 173
　　（2）状況2・心配する養護教諭 ……………………………………… 173
　　　●1●課題 ……………………………………………………………… 173
　　　●2●課題の提示 ……………………………………………………… 174
　　　●3●考える視点 ……………………………………………………… 174
　　　●4●まとめ …………………………………………………………… 174
　3）演習2 ………………………………………………………………… 175

（1）状況3・保護者からの電話 175
　　●1●課題 175
　　●2●課題の提示 176
　　●3●考える視点 176
　　●4●まとめ 177
　　●5●演習の最後に 177

第8回　新しいパラダイムの構築に向かって　………………定森恭司

新しい臨床心理学の探究 180
　1）新しいパラダイムの構築の必要性 180
　　（1）新しい心理臨床を必要とする学校 180
　　（2）観察主体と観察対象 181
　　（3）あるがまま 186
　　（4）統合化を目指して 188
　　（5）複雑系のシステムとしての理解 189
　2）心の多層多次元モデル 191
　3）ホログラフィック・パラダイム（部分に全体が織り込まれる） 194
　4）内界と外界の狭間で揺れる主体 197
　5）俯瞰する力（全体を眺望する視点） 199
　　参考文献 202

資料編

資料1　学校文化と臨床心理文化の対比表 204
資料2-1　伊藤亜矢子「学校風土」 206
資料2-2　学校を見立てるための指標 208
資料3-1　はじめてスクールカウンセラーになる人へ 215
資料3-2　学校臨床心理士の新規参入の留意点 221
資料3-3　外部諸機関名、業務、関わる人 223
資料3-4　スクールカウンセラーの活動の実際－その内容と対象－ 224
資料3-5　児童虐待の4形態 225
資料4　ホロニカル・スタディ法の実際 228

学校心理臨床とは

定森恭司

第1章　新しい学校教育文化の探求

1）「文化の病」

(1) 文化の病

　河合隼雄は、新しい教育のあり方を提言する中で、「文化の病」というキーワードを提唱している。「それぞれの文化は、それなりのまとまりをもっている。その文化を維持していくためには、そのまとまりに反するもの、相容れないものを排除してゆかねばならない。つまり、どのような文化であれ、その影の部分をもつことになる。その文化がつくられてくる途上にあるときや安定しているときは、その影の部分はあまり問題とならないが、改変のきざしが見えてくると、影がいろいろな形でクローズアップされてくる」(河合、1995) と述べ、不登校などの個人の病の治癒過程から考えて、その個人の属する文化のあり方を考えたり、その改変ということまで視野に入れていこうというのである。

　文化の影響は意識化にしくいものである。しかし、文化は、芸術・思想に限らず、人間の心の深層にも働きかけ、我々の行動や意識のもち方に多大な影響を与えている。また文化は、芸術や思想などの精神活動の高次レベルのものではなく、言語、人間関係のあり方(師弟、先輩・後輩、男女、親子等)、食事習慣、挨拶等に日常生活に及ぶ幅広い影響を与えている。

　また文化の問題は、国際的次元ばかりでなく、今日のような変動社会にあっては、個人の生き方、親子関係や友達関係のような日常的な国内のテーマとしてもその重要性を増している。地縁・血縁的な共同社会が解体し、ひとつひとつの家族も独自の家族文化や家族神話をもちはじめ、しかもお互いの共感不全や断片化現象が増大している。この現象は、それぞれの家庭文化が異文化化しているとも言い換えられる。いや、もはや同じ家庭内であっても、子ども世代と両親世代、祖父母世代では、異なる文化の影響を受け、家族成

員が相互に共感不全の関係になりだしてきている。このような異文化化、断片化現象が地域社会、家庭で進行していく中で育った子どもたちが一斉に集う場が学校である。そのため学校という場は、どの子どもにとっても、自分とは肌の合わない、匂いの合わない、ムカツク他者が散在する場となり、ストレスフルで疲れるところになっていくのである。だからこそ、これからの学校の問題や子どもたちの育て方や人の生き方を考えようというときには、その人の内面や内界を外界から切り離してしまうのでなく、人が所属する集団の文化のありようまで含んで取り組んでいく姿勢が求められるのである。

(2) 学校心理臨床における文化の病の視点の導入

　文化という観点からすると、学校もひとつの有機体的存在として、置かれた状況や歴史から一種独特の学校文化や学校神話を形成しているといえる。この学校文化や学校神話が、学校ごとに独特の校風を醸し出している。文化や神話は、人や組織のアイデンティティの維持に深く関わってくるが、ひとつの文化や神話は強固なまとまりをもつ一方で、他の文化・神話を異端として排除する面もある。アイデンティティを共有して結束を高める力は、その裏の顔として、相入れないものを排除していく力を必然的に生み出しているのである。したがって、家庭や学校でも、ある文化に同一化するものを奨励する一方で、異質なものを排除するような力が知らず知らずのうちに働いているといえる。とくに、今日の学校のように異なる家庭文化に育った子どもたちが集う学校では、様々な文化や神話が融合、排除、錯綜し合うため、異文化コミュニケーションに伴う困難性に直面することになりがちである。しかし、このことを逆に見るならば、これからの学校とは、適切な異文化コミュニケーションを促進するような新しい文化創造の場ともなりうる可能性を秘めていることになる。

　したがって、様々な問題が錯綜し、危機的状態に陥っていた学校が、その潜在的力を発揮し、新しく再生するときには、古い文化や神話が、新しい神話や文化によって再統合される歩みが予測される。例えば校内暴力で荒れて

いる学校が、秩序維持のためにはパワーによる教師の毅然たる態度の強化による権威の確立が必要という神話をもっていたのが、校内が安定化してくるにつれて、児童・生徒と教師間に信頼・相互理解があれば自ずと権威が確立するとの神話に変容していくというようなことが起きるのである。

このプロセスをまとめると下記のようになろう。

1　児童・生徒問題に象徴化・顕在化している学校文化の影の分析
2　影のもつ文化創造の意味を明らかにし、学校全体に再統合していく試みの開始
3　学校内外の異文化性との適切な交流促進と、多元な価値の共存の道の探究
4　影のもつ意味を再統合することを可能とする、新しい教育文化や規範の創造

(3) 新しい教育文化の創造づくりへの参加

今日の学校には、伝統文化や知識の伝達としての機能ばかりでなく、新しい生き方の創造の場としての機能強化が必要であろう。そのためには、教師・児童・生徒・親・関係者自身が、「文化創造の場としての学校」の機能に目覚める必要がある。いじめ・不登校の問題も、異なる個性や価値観をもった者同士が、いかなる新しい規範の下で共存しあっていくのかを、絶えずみんなの力で模索する土壌を必要としているように思われる。

「教育」「治療」「問題解決」「成長・発達」の視点は、この新しい教育文化創造という概念に包含されるのではないだろうか。

2）「家庭指導」から「家庭支援」への転換

(1) 家庭支援機能の充実化

地域コミュニティが地縁・血縁を基盤とした運命共同体的特性を失い、家と家、人と人との関係性が、孤立化・断片化していく中、子育てもますます

閉ざされたものとなってきている。こうした育児・養育の孤立化・密室化への傾斜は、両親の子育てへの不安を高めるばかりである。このような時代の変遷の中で、今後の学校の役割を考えるとき、学校が地域社会に開かれ、子育てや家庭支援的機能を充実・強化していくことが有効と思われる。保育園や児童館は児童・家庭福祉のための社会資源として計画的に整備されてきたが、乳児期から思春期までの一貫性のある支援体制を確立するためには、学校も子育て・家庭支援のための社会資源のひとつとして再組織化していく必要があると思われるのである。これまでの学校は、家族からすると、指導を受けたり、呼び出しを受けるところとのイメージがあっても、家庭の問題に相談に乗ってもらえるところとのイメージをもつ人は少なかったと思われる。それだけに子育てや家庭支援のためには、従前の学校イメージの変容をまず図る必要があろう。①専用相談室の整備、②相談機能の学校機能からのある程度の独立性の確保、③専門カウンセラーの配置（教育相談担当者の専任化、スクールカウンセラーの活用）、④他機関との連携（教育センター、児童相談所、病院、開業心理相談等）、⑤相談内容の守秘義務、⑥啓発事業の運営などが課題となろう。文部科学省が始めたスクールカウンセラー活用事業は、子育て・家庭支援機能が直接の目的ではなかったが、実際には、地域の子育て相談機能の意味をもたらしている。したがって、当事業をさらに充実発展させる方向に「家庭支援の場としての学校」のイメージの定着化は可能と思われる。

　学校における子育て・家庭支援機能の強化を図る場合に留意すべきことは、現行体制下にある教職員に機能強化の役割を一方的に負わせてはならないということであろう。教科学習・特別活動において、指導的立場にある教職員が、相談活動に携わるには、相当の訓練を必要とするし、現実問題として今の教職員の忙しさの中では腰を据えての活動は難しい。もし既存の体制の中で強化する場合でも、専門性をもった教育相談員の配置、養成、専任化及び身分保障、教育相談の校務分掌上の位置づけの明確化、教育相談担当のバックアップ体制等の充実化が必至といえる。また、スクールカウンセラー（以下SCとする）のように学校外部から専門性をもったカウンセラーを配置してい

く場合には、そのSCを学校組織の中に適切に定着させていくことを可能とするコーディネーターや協力体制が学校内部に組織化されていく必要があろう。

(2) 一次相談機能と二次相談機能のネットワーク化

学校という場に、地域コミュニティ内における子育て・家庭支援機能を付加する場合、医療機関や専門相談機関のような治療や心理的援助を期待することは難しい。あくまで学校における活動の視点は、子どもの心身の適切な発達を促進するような児童健全育成や家庭福祉推進のためのサポート役の姿勢が大切といえる。このサポーター役の役割を担うためには、それなりの研修と資質向上が求められる。サポーターの専門性とは、広く、浅く、身近で日常的な相談機能の探究の方向にある。こうした学校教育相談を一次相談機能とするならば、二次・三次相談機能を担うのが医療機関や他の専門相談機関といえる。一次相談機能をもった学校教育相談は、二次・三次の相談機関と連携し、エリアごとにネットワーク化されることが望まれる。また、二次・三次の機関は、深くて狭いがより高次の専門性、最新の情報収集機能、関係者の研修機能、一次相談機関へのバックアップ機能（危機介入や巡回）などの機能の充実化が必要となろう。

(3) 教育相談の枠組みづくり・構造化への努力

教育相談の場は、「安心の場」「信頼関係の場」となることが大切である。しかしこうした場づくりのためにはSC・相談員や専用の部屋があれば事足りるものではない。「安心」「信頼」が学校内に定着するためには、「生徒指導」のシステム（生徒指導部）が存在するように、「相談」をキーワードとする学校内の具体的な組織化を目指した継続的な努力が必要となる。外部の専門家の活用法、教育相談の活動範囲、教育相談室の整備、相談の流れの明確化、情報共有と守秘義務の取り扱い、生徒指導との整合性等……こうした課題に関して、地道に検討していく学内での中心的な推進母体づくりが今後の重要課題となろう。

生徒指導が集団的、外界的、行動的、男性的、指導的、規範的なイメージとするならば、教育相談は、個別的、内界的、心理的、女性的、援助的、発見的といえる側面を強調することになる。しかし実際の関わりにおいては、この2つの機能を単純に分けることはできないし、理想的には2つの側面の統合化が必要となる。ひとりひとりの児童・生徒の内的世界や家庭環境の十分な理解の上にたった心の琴線に触れた教育というイメージが、今後の学校に期待されているものであろう。このことが、イメージや理念として掲げられるのでなく、そうした校風を創造することを可能とする構造化への努力が必要なのである。

(4)「コミュニティの場」としての学校 （地域社会に開かれた学校）

　地域社会は、寺の鐘の音を共有していたようなムラ的共通体験を喪失し、人と人の関係は孤立・無縁化した共感不全関係に変質してきている。

　筆者自身、自分の生まれ育った地域を振り返ってみても著しく変化している。筆者の人格形成に影響の強かったものとして家族があったことは論をまたないが、地域の人々も大きな影響を与えてきた。彼らは、「身内」でも「他人」でもない。彼らは、「身内と他人の中間的領域の人々」ともいえる存在であった。だからこそ、家族や親族でもなくとも、身近な他人としての親密性から、豆腐屋のおばちゃん、パン屋のおじいちゃん、○○のおじさん、○○のおばさん、○○ちゃんのお兄ちゃんと呼称していた。人間関係は身内になればなるほど複雑な情緒的絡み合いがあり、他者として対応が難しくなる。親子、兄弟姉妹関係などはその典型である。しかしそれとは反対に、「他人」「外の人」の関係では、他者の存在に「無関心」となってしまう。自分に関与する関係でもない限り、他者は「外」の存在として心から排除されてしまうのである。このように考えてくると、「身内」でも「外」でもない「中間領域の人々」が、実は人が他者とのほどよい人間関係や適切な距離をもった関係を身につけていく上でとても大切だったことを思い知らされるのである。恐らく彼らの存在は、「世間の目」を形成していく上の土壌でもあろう。「世

間の目」に背く行為は、「誰かの不快そうな目」が気になって（実際にそんな目はなくとも、内在化された他者性がある）罪悪感が一瞬起きて、「他者性による自己規制」が働いてしまう。もしそんな行為を思わずしてしまうと、誰かが何も指摘しなくても自発的に「世間に拒絶」されるような不安が起きてしまうのである。このように「中間領域の人々」という他者性は、世間一般の常識に関係する社会規範や道徳性の形成に大いに影響があったと思われるのである。

　また世間の人々が共同幻想のようにして抱く理想も、知らず知らず取り込まれ、内在化されていた。筆者の少年時代の「巨人・大鵬・卵焼き」のイメージなどはその典型例である。みんなが憧れるようなヒーローやヒロインになることが理想であり、それに近づくための努力は、他者に称賛され、支持され、評価され、自信の源泉であった。逆に言えば、そうした理想的イメージからの逸脱・脱落は非難され、否定され、コンプレックスを形成したのである。

　しかしながら現代社会は、都市化・産業の構造的変化が指数関数的に進む中で、地域社会から「中間領域の人々」を欠落させてしまった。この現象は、「世間」「社会」と「自分」との相克とその折り合いの中で適切なアイデンティティを形成していく土台の喪失にほかならない。子どもになればなるほど、「世間」「社会」は、もはや具体的なリアリティを伴わない匿名性、透明性、不在性を帯びた知的な概念にすぎなくなりつつある。他者との間で生きるための指針を得る機会は減少し、自己評価だけが手がかりとなっていく。しかも、「世間」「社会」にいる他者同士は、すでに共感不全状態に陥っているし、不特定多数に共通するような共同幻想は希薄化している。価値は多様多元で、対立・錯綜し、状況は混沌としている。善悪、美醜などの価値判断も一律性をもたなくなってきている。混沌とし知性化した見えない他者性は、生きるための手がかりとならず、自己の感覚だけが頼りになってきているのである。しかし、そうした生き方は、往々にして、他者から、自己中心的という烙印を押されることになる。そのため他者の存在は、ますます「ムカツ

ク存在」となり、「関係がない存在」「破壊したくなる存在」として、場合によっては排除したくなる対象になりさがりはじめているのである。

　このような現代社会の影を考慮するとき、自己と社会との折り合い、自己と他者との適切な人間関係を身につける場としての学校の重要性が再認識される。しかし、教職員が子どもたちの社会性を育むために一層の努力をすべしと主張しているのではない。むしろ、「身内」の投影を受けやすい教職員が、世間の形成の役割まで担うことは弊害と考えている。むしろ教職員以外の「中間領域の人々」と児童・生徒が交流できる場としての新たな学校づくりが重要ではないかと提言したい気持ちなのである。部活や総合学習における地域社会の人材活用から、休日・祝祭日の地域社会の行事や祭りの場としての活用などを念頭に提案しているのである。

　マンションが乱立する地域などでは、近隣同士が知り合うきっかけは、子ども同士が通う保育園・幼稚園・学校だったということは、決して珍しい話ではない。こうした現実を考慮するとき、人と人のネットワーク形成の交流拠点としての学校の場の活用が考えられるのである。

　「学校を開く」ことは、学校という同質文化の世界に違う文化や新しい風など「異文化」の参入を意味し、「開く」ことは異文化接触の促進にほかならない。学校をコミュニティの場として見直すことの目的とは、まさに多元化社会の到来の中で、多様な価値の異文化交流の場の意識的な創出といえる。混沌とした地域社会の中で、人と人が匿名性となって関係もなく育つのでなく、むしろ混沌とした地域社会の特性を意識的計画的組織的に抱え込むことによって、「共存のための新しい生き方や文化」を探究する器づくりを目指すのである。

　「中間領域の人々が集う場」や「新しい教育や文化の創造を探求する器」の中での体験は、子どもたちが社会に出たときの適切な公民意識を育むとともに、コミュニティと自分との原体験の場として学校があったという一種の郷愁を感じさせるのではないだろうか。これからの学校心理臨床は、個人の内界だけに焦点化してきたような枠を超えて、「コミュニティ」も対象化した

展望の中で活動していくことが重要であろう。

(5) カラーパレットとしての学校

　伝統的な社会は、その秩序の維持のための共同幻想（例：「家父長制」「封建制」）の共有化を図り、異分子を排除することで社会の安定性を保ってきた。そこには、その共同体に参入するための通過儀礼があり、伝統的なしきたりや規範を遵守することは重要な掟であった。「村の掟」に逆らうものは、制裁を受けるか、「村八分」として排除されたのである。子育てもこうした縛りの中にあったのである。

　しかし現代は、封建的な拘束から解放されることによって、育児の面でも共有化しあっていた縛りから解放され、それぞれの家が、それぞれ異なる躾、男女観、信念や価値観に基づき子どもを育てることが可能な時代となった。しかし、そうした異なる家庭文化で育った子ども同士の関係は、むしろ、「変なもの同士」「どうも心からつきあえない関係」「ムカツク関係」になりやすい。といって、昔の「村社会」を郷愁しているだけでは、今の子どもたちに対応できない。むしろ「共存を可能とするような新しい社会規範の探求」の姿勢が重要であろう。

　現代社会は、勧善懲悪や加害者・被害者関係が明確に区分されていた時代からすると、善悪の基準も曖昧となり価値の多様化に移行してきている。昨今、中学生が幼稚だとか未熟だとか言われるが、発達論的にはより幼児的な心性や防衛機制の段階に固着したままの子が増加しており、その背景には、親子関係や母子関係の変化ばかりでなく、現代社会自体のアノミー現象の加速化によって、社会を一貫性のあるものとして体験し、社会を構成している文化（規範、道徳、倫理を含む）を当たり前として適切に内在化できない問題も絡んでいる。こうなってくると昨今の子どもたちは、自己や世界、あるいは自己と世界との関係に対して一層不安定さを感じとっていくことになる。自己、他者、世界との関係は、全体としてのつながりを喪失し、切片のように断片化する。そしてそれらの統合化は難しいとの無力感を引き起こす。子どもた

ちが好んで読んでいるマンガやゲームの世界もかつてのような勧善懲悪や加害者・被害者関係が白黒はっきりしていた時代と異なって、とても複雑な世界を反映しているものが多い。それだけに、今もっとも大切なことは、一見、断片的でバラバラの世界に見えるが、しかしそれでも世界は全体として、しっかりとつながっているという実感をもてるような学校（社会）づくりということに帰結する。そうした感覚を子どもたちが体感したとき、それは自己及び世界に対する信頼と安心感を育むことになるからである。

　こうした学校づくりのイメージを何かに比喩するならば、「カラーパレットのような学校づくり」といえる。Aというカラーパレットの中には、ある価値やある個性的な要素の強さを象徴するようないろいろな色がある。しかもそれらが、Aというひとつのパレットの中で、仲良く共存して全体としてひとつになって存在しているのである。またAパレットの全体が醸し出す色合いは、Bパレットとは異なってくる。その構成が異なるので、全体もまた個性的な色合いをもってくるのである。このとき、Aパレットをあるクラスとみなしてもいいし、ある学校とみなしてもいいだろう。こうしたカラーパレット的環境に育った子どもたちというものは、多様性というものに心が常に開かれつつ他者とのつながりを実感するものと思われる。いろいろな生き方に影響されながらも、柔軟に自分なりの個性ある生き方を自ら選択していく力を育むと思われるのである。これからの学校イメージが、カラーパレットとするならば、筆者の育った時代の学校や旧来の学校は、モノクロだったといえる。モノクロ時代の個性や校風の違いは、彩度の違い程度だったと比喩できるかもしれない。

<参考文献>
・河合隼雄（1995）：臨床教育学入門．岩波書店．
・河合隼雄（1992）：心理療法序説．岩波書店．

第2章　学校心理臨床の特徴

1）異文化交流的要素

(1) 学校文化と臨床心理文化：せめぎあいとしての学校心理臨床
●1● 2つのアプローチ

　学校内では、生徒指導の視点と教育相談の両者は、ともすると指導援助の在り方をめぐる対立になってしまうことがある（菅野、1993）。

　生徒指導と教育相談の対立の例でいえば、カウンセリング・マインドを勉強した教師が、教室を勝手に出ていく児童・生徒に対して、これまでの生徒指導的視点からの「毅然とした態度」との間で葛藤状態となり、「何も言えなくなってしまった」という笑えない話がある。教育相談やカウンセリング・マインドへの興味をもつと、こうした矛盾が頻発したため、生徒指導担当者から教育相談担当者に向けては、「児童・生徒を甘やかしている」「逃げ道をつくり楽な気持にさせすぎている」「迎合しすぎ」「いいこと悪いことは、しっかりと教えないと身につかない」といった非難がされることが多い。逆に、教育相談担当者から生徒指導担当者に向けては、「教師の価値を一方的に押しつけすぎている」「表面的な行動ばかりとりあげていても、内面の理解に基づかない限り、本質的な解決にならない」「教師への不信や反感ばかり高めている」「力で抑えつけても影で一層陰湿な行動をとるだけ」「主体性や自発性に欠ける、受動的に指示に従う指示待ちを一層強めるだけ」といった批判がよくされる。

　しかし、とかく対立的に捉えられがちだった、「生徒指導」と「教育相談」の関係は、「相補的関係・協調的関係」との認識が学校関係者の中でも浸透し、現在では「車の両輪」と言われるようになってきている。

　山本和郎は、「臨床心理士の心へのアプローチは、医師とも、指導型の教師とも、違う発想をもっている」とし、医師と教師のアプローチを、「働き

かけの知」とし、臨床心理士の「受け身の知」と区分し、その独自性を強調している（山本、1995）。

　山本和郎は、主に心の問題のアプローチの違いによって、知のパラダイムの差違を指摘したが、筆者は、学校と臨床心理の両世界に文化の差違があるとし、学校心理臨床の意味は、この両者の文化の「適切な異文化交流のせめぎあいの促進」の中で、差違と共通理解の相互理解が促進する中で、「新しい教育文化を創造する」ことにあるとしている（資料1）。

● 2 ● 異文化交流開始当初の困難

　学校は未来に向かって希望あふれる人間を育むところであるが、社会の縮図としての影も背負っているところでもある。国際化社会の経済戦争に明け暮れる日本の影から、政治・行政、地域社会や家族関係の変質の問題まで、実に幅広い問題が学校にも暗い影を落としているのである。しかも、昨今の学校はこうした困難性を抱えながらも、世間から厳しい批判があびせられてきた。こうした厳しい社会環境の変化の中にあって、教職員は、内外の批判に必死に耐えながら何らかの学校内部の秩序を維持しようと図ってきた。しかしその方向性は、意識的無意識的を問わず、世界の影から児童・生徒が毒されないために、内外の揺れから学校内部がこれまで維持してきた秩序を守ろうしてきたといえる。しかし、学校内外に存在する異物を学校内部から排除し、学校の安定化を図るというやり方そのものの限界がきているといえる。現代のような変動社会にあっては、異物の侵襲から絶えず児童・生徒を保護し、学校から異物を排除することはもはや困難である。もしその理想を堅持しようとすると、学校内外の異物から常に揺さぶられ続ける現実に強迫的な不安ばかり強める心理状態に陥ってしまうことになる。それは学校外で増殖した細菌から学校内部の秩序を一見保護できても、学校外の場で、いとも簡単に児童・生徒に伝染し、再び学校内部を揺さぶるだけの結果となるのである。大切なことは、異物をできるだけ同化し、異物の毒性だけは排出する免疫力や抗体力を学校自身がもつ必要があると思われる。そもそも心理的な意味での異物とは、それまでの有機体には出会ったことのない未知のものとの

遭遇の意である。最初はその異様さに恐れおののいても、そのうち、その未知なるものとのつき合い方を身につければ、未知のものが既知のものとして同化していくことにつながっていく。当然、受け入れられない毒性もあり、排出すべきものは排出するが、それは異物のうち、危険な要素を排出するだけのことであり、消化し同化する価値のあるものは、新しい変化・成長の契機ともいえるのである。

　むしろ変容とはそのようなプロセスから生じるのであるし、抗体や免疫ができて、新しいものを受け入れる力が育ち、その毒性自体を中和する自己組織化が内部体制としても整うようになるものではないだろうか。

　その意味では、これまでの学校内努力は、「閉ざされた学校内部の中での自助努力」であったといえる。

　これに対してSCの導入は、外部世界からの異質の文化の導入の意味をもつといえる。そのためSC導入当初には、「閉ざされた学校内部の中での自助努力」の文化が根強くあった学校にとっては、SCの登場は、ペリーの黒船来航にも比喩されるほどであった。

　このような状態にあったためスクールカウンセラー活用調査研究委託事業の導入当初の数年間は、一見華やかに見える裏側で、実にいろいろな問題が顕在化した。教職員と学校臨床心理士の活動上の主導性をめぐる確執、相談内容の守秘義務をめぐる葛藤、限られた活動時間内での個別相談と教職員に対するコンサルテーションの比重問題、未整備のままの面接構造への戸惑い、学校臨床心理士に対する理想化と限界性をめぐる葛藤、荒れる学校の実態を知った学校臨床心理士側の戸惑い……数え上げたらきりがないほどの予測外の諸問題が発生したのである。しかし、こうした難問も、人間関係の信頼関係づくりを土台としたネットワークや、フォーマル・インフォーマルを問わない緊密な情報交換等によって、時間経過とともに乗り越えられ、危機が創造の契機となった感がある。このとき危機が破壊とならず創造となった鍵は、双方の関係者が異文化接触そのものに新しい可能性を見い出そうとした姿勢にあったといえる。教職員とカウンセラー相互のものの見方や感じ方の違い

を相互に尊重しあい、その相互交流のせめぎ合いの中で、新しい学校文化の創造の方向性を見い出せることを関係者が願いだしたあたりから、新しい展開が生まれだしたのであった。

●3●異文化交流とアイデンティティ

異なる国や民族の交流の場合でも、お互いがしっかりとしたアイデンティティをもっていないと、呑み込む大国と呑み込まれる小国が生じてしまう。SC導入当初、カウンセラーの参入が、黒船の来航と比喩されたが、むしろ実態は逆で、学校という大国に、弱小国のひとりのSCが漂流したような側面もあった。自らの専門性にしっかりとしたアイデンティティをもっていないSCなどは、アイデンティティ拡散の危機に瀕することになったのである。学校にいる教職員は、ひとりひとりは同じ生身の人間としての顔をもつが、しかし他方では巨大な組織・文化やシステムをもつ大国の一員でもある。SCは、このことを十分理解した上で、相手に呑まれず、しかも異文化としての自分をしっかりもった上で、相互交流できる力をもつことが求められたのである。この力をもたないと、SCの使い方、使われ方のわからない学校では、SCが人手不足の要員や子守役として利用され続けるような例も起きたのである。

逆に、教職員は教育としてのアイデンティティをしっかりもった上で、スクールカウンセリングの導入を図らないと、教職員としての専門性を失い教師のカウンセラー化という問題が起きてしまう。異文化交流は、お互いの専門性に対する尊重とそれぞれの専門性の探求の上で成立するのであって、いずれかが弱かったりすると、相互交流はかえってアイデンティティの混乱を増幅する危険性があるといえる。

（2）「個と集団」の視点の統合化へ

●1●個別重視に抵抗感を抱く教師

学校心理臨床は、個々のケースの特性に応じて、助言やガイダンス及びカウンセリング等の心理面接、心理検査、心理療法や、必要に応じて来談者の福祉増進を図るための関係者に対するコンサルテーション活動を行うことに

重点がおかれる。しかし、ある来談者に対して、その人の個別的ニーズに基づいて密濃く、かつ深く関わっていると、「公平なサービスに欠く」と言われることがある。また「この子ひとりだけにそんなに関われない」という不安や疑問は、多くの教師からも聞こえる。しかし、心の相談に関わる領域では、Aさんが、深いレベルでの苦悩を有し、Bさんが、ちょっとした助言で自立できる人だとすると、Aさんには密の濃い援助計画を立案し、Bさんには、ちょっとした助言サービスをすることの方が、むしろ心理臨床的意味での公平性を保っているといえる。

このように制度的サービスにおける公平性原理を、個別処遇における心理臨床に当てはめることは適切ではないといえる。心理面接の世界では、ひとりひとりの人の生き方や個別的事情を、最大限に尊重する必要がある。この原理からすると、「傷つく人々に対しては、より多くの援助」という姿勢が大切となる。人は誰でも傷つく存在である。それだけ傷つく人々を排除する社会は、いずれは自らも排除されることを恐れる社会を作り上げることになろう。逆に、たとえたったひとりの子であろうと、最大の援助を得ることを可能とする学校社会は、すべての児童・生徒により充実した教育を保障する「教育の原点」を堅固に有しているといえるのでないだろうか。

実践的には、問題行動や症状行動を伴った児童・生徒への適切な教職員の働きかけは、結果的には、個性を尊重しあっていくクラスづくりへの契機となっていくことの方が多く、個の原理と集団の原理は、対立するというよりも、相補的関係として成立すると言えよう。

●2●個別的援助が集団に与える影響

たったひとりのケースでも、その事例には、家族ばかりでなく、クラス、学年、学校、地域社会の影の問題などが反映されているのが実態である。こうした複雑な有機的連関性を考慮するならば、ひとつの事例とは、他の類似事例の象徴的な代表的存在としても扱うことが可能となる。

教師は、養成・訓練・研修・実践過程を通して、集団をまとめること、学習を計画的組織的に進める方法についての知識・技術を徹底的に磨き、その

実績ももっている。しかし、ひとりひとりの児童・生徒の内面世界の理解やその成長を図ることや、ひとりの児童・生徒の心に影響を与えている家庭、クラス、学年、学校、地域社会の影響を分析したり、個と集団との関係性を理解したり記述する専門的概念の取得や知識の学習の獲得を意識的にしているわけではない。そのためよき生徒指導や相談活動の実践をしていても、その体験を記述する方法や概念がない状態が続き、せっかくのよき実践を他の教師が共有しにくい状態にある。この問題解決の一助として、教師の集団重視の視点からの実践を、個別の視点からも体系化していく臨床心理士や「臨床の知」の活用の道があると考えられる。

2）非治療的、発達促進的要素

（1）医療モデルからの脱皮
●1●医療モデルとの違い

　学校心理臨床は、医療モデルとは視点が異なる。学校では、アルコール依存症の父親と出会うことは何度もあっても、アルコール依存の父親をSCは治そうと思わないし、当の本人も治してもらおうと期待しないのが普通である（定森、1994）。しかし、たとえアルコール依存の父親であろうと、子どもの養育のことや不登校のことを巡って相談関係を結ぶことは多いのである。ここには、アルコール依存症の治療を学校で行うのは、「場違い」であり、アルコール依存の治療・相談は医療・保健機関で対応するのが望ましいとの暗黙の了解が働いているからである。実は、「場の違いから規定される心理臨床関係の差違」の意味を、もう少し深く掘り下げてみるならば、学校心理臨床現場では、クライエントとの関係性が、「医学的な意味での疾病を治療すること」よりも、「具体的問題の解決をめぐる相談関係」として成立していることが底流にあることがわかる。この差違を取り違えて、学校教育現場に、医療モデル的な臨床モデルをもち込むと、それは学校のクリニック化・病院化を意味することになり、学校現場をかえって混乱させることなってしまう

であろう。

　そもそも人の相談・援助に関わる専門家の場合、専門性の差違とは、対象となる人の問題ではなく、一体何を問題として、どのような行為をしようとしているのかといった、対象との関係性の差違から定義されることが重要である（定森、2001）。すなわち、Aさんには、医療が必要なのか、心理カウンセリングが必要なのかという区分には意味がなく、Aさんに対しては、医行為も臨床心理行為も重複しうると考えられるのである。医学の視点から見て疾病が発見されれば、その疾病に対しての医行為が重要となり、疾病の有無に関わらず心理学的問題を発見すれば、臨床心理学的援助が必要であり、両者は共存・併存するのである。疾病をもつAさんが、法律的関係にまつわる問題で、弁護士に相談するのと同じであろう。しかしながら、こうした行為の違いを十分に認識していなかったり、関係の差違に無自覚なまま安易にカウンセリングや心理療法を実施するときに混乱が生じることになる。とくにSCが、自らの行為を医学的モデルの治療行為に近いと思っているならば、それはとても危険なことといえる。

　学校心理臨床では、医学モデル的な意味の「治す」ことではなく、「人生の創造的歩みの発見の援助」といった視点の確立が重要となっているのである。

●2● 心の世界で、「治す」ということについて

　「心の病の癒しを宗教や魔術の領域から、科学的領域に移しかえようとした」（河合、1992）のが、フロイトとするならば、現代の心理療法の多くには、フロイトの目指した科学としての医学モデルのパラダイムの影響がある。そもそも、「心理治療」という概念そのものが、「病気を治す」ことを前提に生まれたものであろう。しかし、この「治す」という近代医学的な概念を再検討しておくことは心の世界に関わる者にとっては大切である。

　そもそもフロイトが「自我とエス」の中で用いたグロデックの"Es"（Groddeck, 1923）の概念は、英訳では"It"となり、和訳で直訳すれば、名づけようのないものとの意味での"それ"となる。そして、このフロイトが用いた

コトバと、当初グロデックが用いたコトバとは、カール・メニンガーが指摘するように微妙に異なるのである (Menniger、1959)。ダレルはグロデックについて次のように語っている。「グロデックは、患者に接近する際にはその"病気"を扱おうとせず、病気を治して、患者の"それ"が表現しようとしているものが何であるかを吟味し、教育すべきことを主張した。このように、グロデックにとって治癒とは、単に"それ"（It）に影響を与えた結果であり、（病気にくらべて）より苦痛の少ない一種の自己表現の様式である」(Menniger、1959)。この示唆を受け入れるならば、我々は、"それ"が病気の形までとって表現しようとしているものの意味を自己認識していく過程を援助していくことが心理的援助の本質となる。心理・精神的病理性とは非病理性とともに誰にも存在するものであり、来談者にも心理臨床家側にも共通して存在するものではないだろうか。何らかの要因で、非病理性より病理性が優勢となり、心理的問題や精神的疾患の形が顕在化してくると、人は病気と呼んでいると思われるのである。心・精神の病理と非病理とは、そのこころの根底に存在している魂のようなもの（筆者はそのような魂のようなものを"それ"と捉えている）の表現しようとしている意味が重要となるのである。

●3● 共に傷負い人

グッゲンビュールは、「傷ついたヒーラーのイメージ」(Samuels、1985) を探究しているが、筆者の視点も、これに同意をするものである。心理臨床家は、目の前の人に対して、面接当初「傷負い人」とのイメージを抱く。また、逆に、この段階での来談者は、心理臨床家を「治してくれる人」として認知し、「救済者イメージ」(Guggenbuhl-Craig、1980) や「治療者イメージ」を投影してくる。しかし、これはあくまで当初段階でのイメージである。このとき、当初のこうした面接関係は、いかに相談構造に工夫を凝らしたところで排除することは難しいものである。結局、当初の面接関係は、相手がこの投影をしてくる以上、カウンセラーの意図や意識とは関係なく、「病人」と「患者」の上下関係になってしまう。この投影は、心理面接が、その前提から、「相談する側」と「相談される側」と分裂した関係から成立している以上、避け

ることのできないことなのである。しかし、当初のこうした面接関係も、両者の関係が深まってくると微妙に変化してくる。すなわち心理臨床家側にも、クライエントの傷に触れているうちに、「自らの心の傷に触れるものを感じ」「自らも傷ついたヒーラーである」とのイメージが沸き上がってくるのである。この心理臨床家の「内なる傷のイメージ（人によってはイメージでなく直感として感受されるかも知れないが）」が、来談者に感情移入的に投影されたとき、共感的な感情が生じてくることになる。このとき、来談者側には、心理臨床家に抱いていた理想化されたヒーラー・イメージから、目の前の心理臨床家もまたひとりの傷ついた人間であるという現実に引き戻されることにもなる。この心理臨床家自身が自らの心の傷を積極的に取り込む姿勢と、そうした姿勢を来談者自身も取り込む作業の繰り返しが、クライエント自身の「内なるヒーラー・イメージ」を次第に触発させていくことなる。訓練された心理臨床家ならば、その「内なる傷ついたヒーラー」と、「傷ついたクライエント」の融合した感情の意識化を図りながら、目の前の「傷負い人」が、心の内に抱き始めた「内なるヒーラー」と常に意識的な同盟関係を維持しながら"それ"の創造的表現活動に向かって、「共に人生の傷負い人として歩んでいく」ことになるのである。

　カウンセリングとは、ある目的地に向かってどこまでも平行線の軌跡を描き続けている線路のようなものでもあろう。一方のレールがカウンセラーで、他方が来談者である。このとき、ある目的地を2人共見つめていれば、両者はひとつの目的地に向かって収斂しているように見え、列車は動きはじめる。しかし、2人がその目的地の方向を見ず、まともに正面を向かい合って対峙してしまっては、両者の間にはレールとレールの幅の距離だけが意識され、共に身動きもできなくなってしまう。恐らく、心理相談とは、「人生の最終目的地に向かって、共に傷負い人として歩んでいく過程にほかならない」のではないであろうか。

　また、「共に人生の傷負い人としてより豊かな人生を求めて歩んでいくこころ」こそ、カウンセリングマインドと呼ばれるものであろう。

●4●生きることを支える

　人は人の間でなければ生きることができない共生的存在であるとともに、必ずひとりで死を受け入れねばならない孤独な存在でもある。

　孤独な存在への不安を支えようとするならば、伝統的な個別心理臨床論が有効といえる。この方法に従うならば、学校心理臨床も、あくまで個別的な心理援助だけに専念し、「ひとりで生き抜ける力を育む」ことになる。実際、個別的な援助だけでそれが可能となる人々も多勢いる。

　しかし、人によっては、自我基盤が脆弱であったり、生まれながらにして医学的な障害を背負った場合もある。こうした人々に対して、「ひとりで生きていける力を育む」だけでは限界がある。そこから学校心理臨床の現場では、家族への教育的ガイダンス活動や、グループワークや、コミュニティ・アプローチが重要となる。

　しかし、これらの各種手段は、クライエントが、どのような自我成熟機能を有しているのか、自我構造の特徴はいかなるものか、クライエントとの家族力動はいかなるものなのか、問題とされた人の家族のコミュニケーションや家族構造の特徴はいかなるものなのか、経済的社会的現況はいかなるものなのか、家族を取り囲む地域社会の特性はどのようなものなのか、本人または家族の信じる信念や信仰の社会・文化的背景はいかなるものなのか……あげれば切りがないが、まず、これらのことが援助対象者の現実の上にたって総合的な見立てがなされなければいけない。また対象とすべき問題の焦点は、心か行動か、人格かシステムなのか、現実の人間関係や現実的課題か、内的なイメージや葛藤なのかについても仮説として想定する必要がある。また、心の多次元多層な性質からすると、どのような葛藤や問題に当面焦点を合わせようとしているのか（個人的無意識の層、家族的無意識の層、社会的無意識の層、普遍的無意識の層なのか、親子関係の次元なのか、家族関係の次元なのか、社会的な人間関係一般の次元なのか）意識化していく必要がある。また援助対象も個人だけとするのか、家族や地域関係者を含むものまでに拡げるのかも慎重に考慮されなければならない。

また援助者自身や所属組織の現実的制約や力量も援助方法決定の重要な要素である。ケースの展開は、援助理論ばかりでなく、カウンセラー自身の人格の統合性や、所属組織全体の組織力に何よりも大きく左右される。相談の効果は、恐らくカウンセラーや所属組織の成熟度に応じて全く異なってきてしまうのが現実であろう。
　それだけにカウンセラーは自分自身及び所属組織の力量の限界や役割について日頃よく自覚しておく必要がある。
　臨床心理学とは、心の問題を疾病論的な見方や治療論で捉えることに限界があったからこそ生まれたものといえる。また、社会のニーズとしても、因果論的な自然科学的世界観への限界が人々に実感されるようになり、医学モデルとは別のモデルである臨床心理学的なモデルに期待が寄せられているともいえる。学校に臨床心理学の視点を入れることも、医療モデルとは異なる人間の捉え方に期待されているところが多いといえよう。こうした学校心理臨床への期待と役割及びその限界を自覚しながら、関係者とネットワークを組みながら歩む姿勢が大切といえる。

(2) 日常性と非日常性
　子どもは、内的世界が外界に投影されやすかったり、逆に外界の人間関係が内的世界に影響しやすいなど、まだ心の内外の世界の境界が弱く、相互浸透性の度合いが高い状態にある。そのため学校心理臨床では、内的世界と外的世界の間で執拗に反復されている固着的なパターンに留意し、その意味を読みとり、そのパターンの適切な変容を図ることが鍵となる。しかし、それと同時に、「自分」という固有性が、大人のようにしっかりと形成されていない子どもの場合、心の内外で生起する出来事を自己観察し、それを自己組織化していくような力（自我）を育むことが重要となる。観察内容の意味の咀嚼は、その前提として適切な観察主体の成立がなくてはならない。実は、この主体成立過程で適切な補助的役割を担うことができるような教職員やSCが、子どもの身近にいるかどうかが、児童・生徒の健全な発達・成長に影響を与

えるのである。そのため学校心理臨床では、子どもの心の内界・外界で生起している出来事に関しての共感的理解を図るだけでなく、その出来事の全体を俯瞰し、相互の出来事の矛盾を弁証法的に統合していく作業を補助する役割がとくに重要となる。

　この場合、SCは、外界の出来事から完全に離れた中立的な立場にいる人とはならず、外的世界の対象の一部として理解されることの自覚が大切となる。伝統的な心理臨床では、面接関係における非日常性を大切にするために、クライエントにとって日常的な外界の対象となることを極力避けようとしてきた。そのため面接外の場では、極力クライエントとの交流を避けようとしたほどであった。しかし学校心理臨床では、この原則を維持することは難しいのが現実である。その原則を遵守するには、あまりに面接構造が、日常的な生活の場に近い。そのためSCは、他の教職員と同じような外的対象の投影を受けることにもなる。しかし、それでもSCは教職員とはどこかが異なり、児童・生徒の内的世界のよき理解者としての理想化をもっとも受けやすい立場である。このようにSCは、児童・生徒の内・外の対象であり日常性と非日常性の境界的存在として存在しているのである。またSC側も、この境界的存在をうまく活用することで、児童・生徒の日常意識と非日常意識のズレや内・外の矛盾の統合化を支援しやすい立場にいるともいえるのである。

　外界（SCを含む）がいかなる対象として存在するときに、児童・生徒の適切な主体の確立が促進されるのか、逆に妨げられるかを見極めながら活動するならば、それは単なる外界の調整以上の意味をもつことになる。そうした適切な環境と主体の成長を育むパターンの発見こそ、学校という生活の場に身をおいた実践だからこそ可能なことである。そしてそうした実践の累積は、内界と外界との狭間の中で、絶えまなく生成されている自己と世界とのダイナミックな関係性を描きだすような新しい心理臨床を切り開くと思われる。

(3) 生活現場に身を置く心理臨床
●1●身をおくことの意味

　外部から学校に参入するSCにとっては、学校内部に参入する前後から実に様々な心の動きが活発化する。そして実際に中に入ってからは、これまでとは異なる国に迷い込んだかのような言い知れぬ興奮や疲労感を覚えることが多い。こうした違和感は、「自分のこころを揺さぶる出来事」「これまでの自分の価値や信念の根底を揺さぶる」「アイデンティティの危機をもたらす」などとよく表現される。違和感は、非言語的なイメージや身体感覚を伴った水準で起きるものが多い。実は、この最初の身をもって体験した異物感や違和感が、後々の学校心理臨床の展開のための重要な手がかりとなる場合が多い。このズレが、どのようにして時間経過の中でSCの心の内で再統合されたり脱統合されていくかが、その後の学校心理臨床活動の方向性に深く影響してくるのである。なぜならば、当初の段階では言語化や意識化の難しいこの手の違和感には、学校文化と臨床心理文化のパラダイムの差違や、赴任先の学校の影の影響など、いろいろな問題が隠されていることが多いからである。異物感や違和感の意味が次第に意識化され言語化されてくれば、影の中から必要なものを消化し、不必要なものを排泄していくという取捨選択が可能になってくる。こうして概念化されたものを教職員に照射するとき、学校に深い影響を与え、変容をもたらすことが実に多いのである。変容は、学校側にも起きるが、かなりのインパクトで、SC側にも生じることが多いのである。

　既存の学校文化にとって、外界からやってきた臨床心理文化は異文化である。異文化ということは、それが存在するだけでも実は異端的要素をはらんでいるといえる。しかし異文化といっても、学校文化と臨床心理文化ともに、同じ人間への自己実現を探究しているという意味では、共通の土壌があると思われる。しかし、当初から相互に深いレベルでの共通理解を図ることなどは難しく、最初は表層レベルの両者のズレの方が、双方ともこれまでのアイデンティティを揺さぶることになっているのである。

　たとえば、SCにとって、最初に学校で出会う関係者の態度が、誠意に欠け

ていたり、事務的態度であったり、無愛想だったり、融通性にかける硬い態度に見えたりすることがある。その態度は、日頃、心理臨床面接で自分が大切にしている原則とあまりにかけ離れた態度に見えて、あきれたり、怒れてくる場合さえある。SCは、学校が自分を必要として派遣を依頼したと思い込んでいるかも知れないが、教師集団は別にSCの必要性をそれほど自覚してない場合もある。それどころか、SCの導入を図ったまま転任していった前校長への反発をもっている教職員集団だってある。また事務的な態度や、融通性のない態度の背景には、担当者のパーソナリティによるものではなく、予算執行上の数々の制約が弊害になっていることもしばしばである。もし、そうした実情を知らず、なんでもパーソナリティの問題と見立ててしまうならば、カウンセラー自身が心理中心主義の弊害や社会経験が乏しいことを露呈していることになるだけといえる。

内面世界のことを大切にしようとする臨床心理文化と、外的世界を重視し現実原則を重視する学校文化では、ひとつひとつの問題解決のためのルールや枠組みが異なる可能性もある。実は、こうした双方に生じるズレをSCと教職員が共に身をもって体験し、その異物感の意味の整理や統合化の方向の探索をしだしたときに、新しい学校文化の創造の契機がスタートしているともいえるのである。まさに身をもって体験したズレや揺らぎの中にこそ、変容と創造のエネルギーが潜んでいるのである。

●2●見えないものの影響

場の影響は、人には見えにくいものであるが、案外、人の行動に深く影響しているものである。人は、こうした場からの影響に対して、「ぎすぎすした感じ」「べとべとした感じ」「緊迫した感じ」といったような皮膚感覚な比喩で何げなく表現していることが多い。こうした場合、実際に身体的な反応を引き起こしていることが多く、ゆったりした場では身体は弛緩しリラックスするし、緊迫した場には緊張するものである。こうした場のもつ影響というものは、案外、いつもそこにいる人は気づかなくなってしまっている類のものである。それだけにクラスの雰囲気、学年の雰囲気、学校の雰囲気の差

違というものは、たまに学校を訪問する人ほど強く体感することが多い。

　学校心理臨床では、場のもつ雰囲気が、どのように個々の児童・生徒やクラス集団や学年集団に影響しているかも重要なテーマとなる。精神分析療法では、被分析者が、過去における重要な人物に向けていた感情や態度を治療者に向けることを転移（感情転移）と呼ぶ。これに倣うならば、「場からの転移現象」「場に対する逆転移現象」が重要となる。

　とくに、現代社会のように、多様化・流動化する時代では、場自体が様々な世界の多様な流れに揺さぶられることになる。このような揺れと混乱は、「学校の場を乱し」、それがまた、ひとりひとりの児童・生徒の心の中にも取り込まれ、そのまま混乱していたり、曖昧なままの道徳観や社会規範を内在化させていく。いくら、教師集団が一丸となって社会規範を率先垂範して見せたところで、教師の示す規範が児童・生徒に共通感覚として内在化されず効力をもたないという現象も起きてきている。このような学校の場の変化が、学校では年々拡大してきているのである。このような混沌の高まりこそが、いじめ・いじめられ、荒れる学校、増える不登校などの土壌となっていると思われる。

　これまでの学校は、いつの時代にあっても耐えうるような理想の人間形成をめざし、できるだけ一律で安定した基準を教師が与えていくことで、子どもたちを外界からの揺れから守ろうとしてきた。しかし、この社会の揺れから、あるいは異物から子どもたちを守ろうとすること自体が、ひょっとすると、国際化が進む時代の中で、価値や考えの異なる人々が共存していく道を模索することを疎外してしまっているのかも知れないのである。

　じっとしていられない子。叫びたくなる衝動を押さえられない子。すぐ切れる子。自我漏洩的な子。みんなに自分は変な子と思われていないかとの不安を抱えた子。身体にすぐ回避反応が出てしまう子。能面で表情のない子。辛いのに笑ってごまかす子。これらの現象や症状行動は確かに日本中の学校で増加しているのである。まさに、こうした学校という場で起きてきていることを、まさに外部から入ったSC自身が身をもって体感していく中で、新し

い出口も見えてくるといえるのである。
　（4）多様な面接構造
●1●面接構造
　治療的な視点を重視する力動的精神療法（精神分析）では、治療者と患者の交流を規定する基本的要素として、治療目標、治療機序、治療過程、治療手段、治療技法を挙げ、これらの構造化されたものとしての治療構造を重視する（小此木啓吾、1998）。筆者の場合は、小此木の治療構造にあたる概念を、「面接構造」と呼ぶが、これらの基本的要素が重要であるとの認識において大きな開きはない。

　面接構造が曖昧だと、クライエントとの関係が、一体何をめぐって出会い、何をしようとしているのかお互い不確かなまま面接が焦点の定まらないものとなる。クライエントとの時間・空間的な面接上のルールなど、クライエントとカウンセラーの関係性を定義していくような相互契約にあたるものが、両者の間で了解されていることが重要なのである。この相互契約とは、将棋をしようとする場合のゲームを進める上の基本的ルールにあたるものといえる。いつ、どこで、誰と、どれくらいの時間、何をめぐって、どれくらいの期間面接をするのか、またいつ頃、どのように終わるルールかなどを話し合っておくことが原則となる。

　しかし面接構造を決定していく作業とは、適切な見立てがその前提にあって可能なものであり、なかなか初心者には難しいテーマである。しかし、この面接構造づくりが上達すればするほど、その後の面接展開がスムーズにいくことが多い。ベテランは、この面接の構造化にたけているといえる。

　伝統的な心理療法の面接構造では、クライエントが日常の場から離れて、自分の内面とじっくり向き合えるような、落ち着いてゆったりとした面接空間をつくりあげることが重視されてきた。非日常的時空間が面接構造として保障されるからこそ、クライエントは安心して自らの内的世界をカウンセラーの前で開くことができるとされてきたのである。そのため、クライエントとカウンセラーとの目に見えない心の深い部分での交流をつくりだすには、カ

ウンセラーは、クライエントの秘密を厳守すること、受け身的態度をとり、面接場面以外の接触をもたないことなどが最低条件として重視されてきたのである。しかし、学校心理臨床の場合、この原則をそのままもち込もうとしてもなかなかうまくいかない場合が多い。教職員集団は、ホウレンソウ（報告、連絡、相談）という言葉に象徴されるように、なるべく同じ情報を全員が共有し、同じ方針のもとで教職員が一丸となって動くことが重視されていることが多い。そのためカウンセラーの守秘義務厳守の姿勢が、秘密主義や利己的態度として批判の対象になってしまうこともある。だからといって、カウンセラーとしては、守秘義務の原則を無視したり軽視することはできない。そこで、これまでの守秘義務というテーマについて、改めて教職員との間で見直し作業をすることが必要となる。内面に深く立ち入った面接内容は、クライエントの同意を得ない限りSCは教職員に伝えることは避けても、指導・援助の手がかりとなるならばSCの所感を積極的に伝えた方がよい場合は極めて多い。また時として、児童・生徒（保護者）の代弁役、あるいは、児童・生徒と教職員の信頼関係強化のための橋渡し的役割を果たすことなどが有効となる場合もあるのである。

　また、SCが面接外でのクライエントとの接触を避けるとの条件も、面接室とクライエントの日常生活空間が近接している学校現場の現実を考慮すれば、事実上不可能である。むしろ、クライエント側から「学校教職員側に所属する人」との投影を受けている可能性を考慮した上で面接に臨む方が建設的である。

　カウンセラーの受け身性についても、あまりに受容的過ぎると、日頃、指導されることや説諭されることに慣れている児童・生徒は、「教師よりは何か物わかりのよさそうな助言をくれると期待して来談したのに、何も言ってくれない」と思わぬ陰性感情をぶつけられたりすることもある。また、教職員の強い勧奨で来室した児童・生徒や保護者は、当然のこととして相談動機が低く面接姿勢も受動的であることが多い。こうした場合にSCが、受け身性の原則を杓子定規に重視していると、面接関係が破綻することだって起きる。

学校心理臨床では、クライエント以外の誰がどのようなニーズで、この面接に期待をもっているのかを意識化し、クライエントの置かれた状況を十分に理解した上で、初回面接に臨むような創意工夫が大切となる。もしクライエントが受け身の動機で来室しているならば、「そんな気持ちのままでもよく来てくれましたね」とのねぎらいの言葉をかけ、SCの立場が守秘義務を負っていることや、教職員とは異なる立場を説明することで、教職員への不満や批判が堰を切ったように語り出すことも多いのである。

このように学校心理臨床では、これまでの心理療法において重視された内的世界重視、非日常性重視の原則も、学校現場という現実のフィールドから再検討し、学校現場に即した面接構造理論をつくりだしていく必要がある。その場合の理論は、内的世界・外的世界、日常性・非日常性の両方を共に重視したものになると予測される。

●2●相談構造と面接構造

学校心理臨床においては、面接構造の土台として「相談構造」が整備されているかどうかがスムーズな活動の鍵を担う。面接構造は、相談契約に代表されるように、クライエントとの関係性を構造化するものであるが、「相談構造」とは、学校内の相談体制の構造化の程度を指標とするものである。SCは、一体誰を対象として、どのような活動範囲とするのか、クライエントは、どこにどのようにして相談の予約をとるのか、教職員が児童・生徒や保護者への対応に困ったとき、どのようなルートを通してSCと面接するのか、相談者の予約決定は誰がどのように行うのかなど、相談体制に関する基本的なことが明確化されている必要がある。学校教育相談部などが、学校内で有効かつ活発にすでに機能している場合などには、相談の構造化が図られていることが多いが、未組織の場合は、相談構造づくりから始めないと、面接構造の構造化も難しいことになる。

相談構造は、学校の実情に合わせて学校毎に微妙に異なる方が、実践的には有効に機能するように思われる。ある学校では、教育相談部で対応するよりも、不登校対策委員会のような学校ぐるみの組織が母体となって取り組

だ方がよい場合がある。しかし、ある学校では教育相談部として組織化された部門が、専念的に対応した方が有効となる場合もある。また教育相談組織も、生徒指導部の下部組織とした方がいい場合があるし、逆に独立していた方がよい場合もある。また既存の学校教育相談組織があっても、実際には教育相談のベテラン教職員は不在で有名無実なものとなっているかも知れない。またある学校の主テーマは、非行かもしれないが、他の学校では神経症的不登校なのかも知れない。またある学校は、あらゆる相談窓口は原則クラス担任であり、SCは、担任のサポーターとして動いた方がよい場合もある。相談構造は、地域や学校などの特殊性を反映しやすいものであり、それはそれぞれの学校風土と現況の中で、その学校なりの相談体制の構造化の歩みを大切にしていくことがポイントとなる。

学校内部に、実情に応じた相談構造の土台ができており、SCの道案内的な役割を担っていける学校教育相談に詳しい教職員がいる学校ほど、SCは活動しやすく、面接構造も安定したものとなる。逆に、この相談構造が弱く、導き手も不在の場合には、SCはとても動きにくく、相談構造づくりに大方の時間を費やすことになる。

●3●いろいろ想定される活動場所

SCの相談活動の拠点は、主として相談室や場合によっては、遊戯室、心の教室ということになる。しかし場合によっては、教室や廊下や運動場なども活動場所となる。このような場は、じっくりと内面に向き合うような面接の場としては不適切であるが、「チャンス相談」と呼ばれる臨機応変な活動拠点として重要である。

SCは、児童・生徒や保護者を対象としたカウンセリングばかりでなく、教職員へのコンサルテーション活動も期待されることも多いが、その場合でも、正式に相互契約に基づく継続的な事例のスーパービジョン的活動から、職員室の片隅で、放課後のわずかな合間をめぐってお互いが交流するようなものまで幅広い活動が実際にはなされることになる。

(5) 問題解決の主役としての児童・生徒を育てる
●1●問いかける力

　心の教育とは、児童・生徒自身に心の問題を提起し、「自分と他者の関係」「自分と世界の関係」について考えたり感じたりすることを促進し、自己観察した結果を他者に伝えられる自己表現能力を育むことでもある。心の教育とは、教職員が、本来あるべき心のあり方について、一定の道徳観や倫理観を教え諭すことではないだろう。どのようにすれば、人はお互いをできるだけ傷つけることなく生きていけるか？　もし知らず知らずのうちに人を傷つけたことに気づいた場合、どのように振る舞ったらよいのか？　人の言動にムカツキを覚えるときはどうすべきか？……こうした異なるものの価値と感覚をもった人がいかにして共存しあっていくべきかを、児童・生徒自身が、悩み、自分なりの回答を深めていくことを援助する活動といえる。そのためには大人が答えを教えるのでなく、児童・生徒たち自身に、自己解決や自己洞察を求めるような、「児童・生徒に問いかける勇気と能力」を教職員自身がまず身につける必要がある。

●2●問題を抱え込める力を育むもの

　人間の悩みは常にあり、無くなることはない。大切なことは「悩みを無くすことではなく、悩みを抱え込んで、自らそれを自己解決していく力を育む」ことである。そのための前提としては、「学校が問題解決の探索の場」としても理解されていく必要がある。

　しかしながら、現在行われている問題解決の枠組みは、問題解決の主体が基本的には大人となっていることが多く、子ども自身たちは自己解決能力に自信をもつ機会を得ぬまま、自分の存在を無力と感じている場合が強い。問題解決は上意下達的に力をもった強者が行えばいいのであり、無知で弱い存在の自分には関係がないことなのである。しかしこうした風土・文化の中では自己決定能力も自己責任感も培われない。

　といって主体性や問題解決能力は、子どもを放任しておけば自然に形成される類のものではない。適切な大人が存在し、見守り、場合によっては主体

の代理的存在となって働きかけることなどが必要となる。これは相当エネルギーのいる仕事であるが、この見守り育てるエネルギーに支えられて、子どもたちは適度の心の栄養状態を保ち、その中で問題解決の主体者としての自分自身に自信と信頼を獲得していくのである。

●3●子ども自身が問題解決の主役

学校心理臨床の視点からは、象徴的に言えば、「子どもが主役」というキーワードが大切である。何の主役かといえば、「自分自身の人生について」である。世界は様々な出来事が生起してくる舞台のようなものである。その舞台の中の数々の出来事をいかに感じ、いかに取り込み、自分なりの生き方をいかに自己決定していくかは、「生き方探し」「自分探し」にほかならない。

例えば、人を殴りたくなる気持ち、やる気をなくしている自分自身を、まず自分のものとして自己受容し、問題解決を自分自身が模索するのを援助することが大切なのである。「あなたのこころの中にどうしようもない怒り（駄目だという無力感）のようなものがあるんだね」と共感的な理解を示した上で、「でも今後どのように振る舞っていったらいいんだろうね」「もっと別の適切な方法はないのだろうか」と、自己責任感のもとでの自問自答を奨励し、発達途上で弱い主体を補助するような、何らかの提案をしていくことが求められてくるのである。これは個人レベルだけではなく、クラス単位でも考えられるのである。授業にやる気をもてないとき、みんなはどのように対処してたらいいと思うか、またどのようにしているのか、またもし誰かがそのような気持ちに陥っていたら、あたなはどのようにするのがいいと思うか等々、児童・生徒に問いかけ続ける教師の姿勢が求められるのである。

3）特定対象から不特定対象まで

（1）5つの活動

SCが学校で行う活動領域は、次のような5つの領域になると思われる。

●1● カウンセリング

ここでいうカウンセリングとは、担任が通常行う指導援助の範囲を越えて、相談心理学や臨床心理学などの専門的な訓練を受けた学校教育相談の専門家やSCなどが、児童・生徒や保護者に対して行う相談面接活動で、個別・グループや集団を対象とする場合を含む。学校心理臨床で対象となる児童・生徒や保護者は、必ずしも心の病や問題をもっている特定の人ばかりとは限らず、不特定多数の人を対象とした予防的な活動や自己理解促進やより人格の成長・発達を目的とした開発的なカウンセリングを含むものとなる。

通常、心理学的アセスメント・見立てに基づき、面接の構造化を図りながら実施される。

●2● コンサルテーション

学校心理臨床におけるコンサルテーションとは、「専門的職業人（コンサルティ）が、その専門業務中で「こころ」の課題に直面し、「こころ」に関することをコンサルタントに相談すること。コンサルティが自らの専門的な職業上の困難を克服し、そのことを通して教職の専門家として成長していくことに目的が置かれる。限定されたテーマについて行われることも特色のひとつである。

コンサルテーションの種類についてCaplan（1970）は、次のように分類している。

(1) クライエント中心の事例コンサルテーション：クライエントに対する心理査定と見通しを立て、コンサルティがクライエントの状態の改善を促進できるように援助する。

(2) コンサルティ中心の事例コンサルテーション：コンサルタントが事例に接する上での困難に直面したコンサルティを援助する。

(3)対策中心の管理的コンサルテーション：複数のクライエントの為のプログラムを効果的に計画・実行することを援助する。

(4)コンサルティ中心の管理的コンサルテーション：効果的なプログラムの実施の支障になっているコンサルティ組織の問題を明確にし、援助組織の機能を改善することを目指す。

鵜養啓子（2002）は、コンサルテーションのプロセスを、①依頼→②準備→③出会い→④関係作り→⑤課題の明確化→⑥イメージあわせ→⑦具体的手だての検討→⑧障害に対する対処策検討→⑨終結としている。

教員のニーズがあって始まるものであり、押し付けコンサルテーションはあり得ない。また双方向のものでもあり得る（中村美津子、2002）。

●3●コーディネート

ひとりひとりの児童・生徒や保護者にとって必要かつ適切な学校内外の社会資源のユニットや援助プログラムを提供し、チームアプローチの視点にたってそれらの社会資源をネットワーク化していくようなコーディネートが学校心理臨床では重要である。

適切なコーディネートを実施するためには、SCは、学校内外の社会資源に精通し、フォーマル・インフォーマルを問わず日頃からつながりをもっていくことが望まれる。

コーディネートは、内界に影響を与えている外界の対象世界（社会環境）に能動的に働きかけることによって、クライエントの適切な成長・発達を促進する活動であり、カウンセリングやコンサルテーションとともに学校心理臨床ではとても重要な活動である。日本のSCは、この手の役割に関する知識が乏しく、訓練もされていないことが多い。

●4●心理教育的活動

心理教育的活動とは、心身の予防活動、成長発達促進プログラム、講演会、ピア・カウンセリング、グループ活動の支援、たよりの発刊などを含む活動などを指す。学校心理臨床は、心の病や問題ばかりを対象とするようなセラピー的な視点ばかりでなく、人間関係づくり、社会的スキルの獲得、アサー

ショントレーニング、自己理解や自己適性や進路適性の理解などを含む活動が重要となる。そのためには、面接室や相談室にこだわらず、場合によっては、総合学習や特別活動なども活動の場となることが考えられる。また、授業や特別活動に生かすカウンセリングマインドの研究開発なども必要となる。

●5● 危機介入

今日の学校は、学校外の複雑で多様な影も抱え込んできている。個人・家庭・社会のいろいろな問題の縮図ともいえる多問題を包含し、学校教育の抱えるリスクは増大しているのである。そのため、学校運営上では、迅速で即効的な対応を必要とする危機介入への対処能力向上が求められるだろう。学校の安全神話は崩れだしており、関係者は、いざという緊急事態に備えて、日頃から子どもを安心して安全に学校に通えるようにするための努力が求められだしてきているのである。具体的には、自殺企図、精神病、虐待、家庭内暴力、薬物乱用、離婚問題、災害や犯罪被害による子どもの混乱、いじめ・いじめられ、校内暴力、授業崩壊、学級崩壊などの問題から起きる危機状態への回避と、危機遭遇後の回復・援助が含まれる。

人は予測を越えた危機場面に遭遇すると、日頃の対処能力を失い、傷つきやすくなり、被暗示性が高まり、不安や混乱状態に陥る。限界値は人によって異なるが、できるだけ早く危機以前の状態への回復を目的とした危機介入的援助が、その後の外傷後ストレス障害等の予防のためにも重要とされている。このような対応は、伝統的な心理療法のように、パーソナリティーの再構築を目指すよりも、短期間での迅速な対応が求められ、SCも危機介入理論やその実践方法の技術向上などに心がけておく必要がある。対処の方法は柔軟で、社会的援助が多いほど、危機状態に対処でき、学校内外に危機管理のためのシステムの存在があるほど効果的である。

(2) 要保護性と健全育成

現在、多くの子どもたちが、クラス、学年、学校全体といった自分の所属する母集団に、異物感、孤立感、疎外感を体感し、中には、学校の場から身

を守るようにして家に引きこもったり、回避行動をとることが増えている。学級崩壊、いじめ・いじめられ、不登校や引きこもりなどの増加は、個の集団との不適合の拡大を意味している。このような問題行動や症状行動の増加を背景に、学校心理臨床の対象は、問題や症状を呈した特別の指導・援助・治療のニーズをもった児童・生徒（要保護性をもった子ども）を対象とすると考えられがちであるが、実は、この問題発生の土壌となる母集団の問題を棚上げしたところでの対応は、個別援助も十分な成果を挙げることはできないのである。また、母集団の問題を無視しての個別対応は、心理主義的、適応主義に偏りすぎることになり、特別扱いとかレッテル貼りによる二次被害の温床ともなる。

　SCの導入も、特別なニーズをもった子どもだけへの個別対応の範囲にとどまるならば、一般不特定多数の児童・生徒と要保護的児童・生徒との分断を促進する恐れすらある。問題や症状をもった子どもを母集団から隔離したり、あるいは、問題や症状をもった子を対象とするだけでは、問題の本質に迫っているといえないことは明らかであろう。

　大切なことは、不特定多数の母集団への対応（健全育成）が、個別対応への充実や強化と連動して充実化していく方向性をしっかり求めることであろう。要保護性の高い特定の児童・生徒への関わりを通じて、個の問題に照らし出されてくる母集団の影の問題を顕在化させ、個（部分）の問題に象徴化されていた集団（全体）の問題に対しても積極的な働きかけを行うことで、個と集団の新しいあり方を目指すような新しい学校づくりの姿勢が、学校心理臨床の全体を通じて実践されなくてはならないのである。

(3) 関係育成的
●1●適切な自我形成のための器
　学校心理臨床においては、自我が弱かったり、未熟な児童・生徒を補強するための器として、教職員集団を適切にコーディネートすることが重要となる場合が多い。適切にコーディネートされた器は、混乱し断片化したままの

児童・生徒の内的世界に、一定の秩序化と統合化の方向性を与え安定化をもたらす。信頼と安定した外的世界とのイメージが、内的世界に取り込まれ内在化されて、外的世界に信頼を置くようになるのである。無論、その逆もあり得る。混乱と分断された外界は、児童・生徒の内的世界を一層錯綜したものにさせるのである。

　器作りを酒造りに喩えるならば、しっかりとした樽づくりと言える。よき酒を熟成するには、まずよき樽が必要であろう。樽は一枚一枚の板の寄木でできているとすると、これは教職員の協力体制といえる。

　この樽づくりが完成した段階では、醸造過程が次なるテーマとなる。材料は将来よき酒になる可能性をはらんだ児童・生徒である。そして酒の質や風味は、温度や湿度の管理など作業行程全体をしっかりと見守り必要な手立てをうっていく杜氏の腕いかんにかかっている。無論、杜氏にあたるのが教職員である。酵母等は子どもの可能性を発酵させていく触媒という意味で、教材や授業のカリキュラムということになろうか。樽という容器の中で、児童・生徒たちは自分の可能性を磨き、よき酒に熟成していくことが期待される。適切な環境さえ保障されるならば、子どもたちというのは、自ら変容していこうとする自然の力をもっているものであり、よき杜氏のような導き手を得て、自然なプロセスの結果として熟成が成し遂げられることになるのである。無論、ここで熟成を待つというけれども、杜氏の態度は、悠長に構えているような態度からほど遠く、常に心的エネルギーを注ぐような状態にあるといえる。

　発酵と熟成の過程には、時間を必要とするものである。いくら正論を児童・生徒を前にして口をすっぱくして言ったところで、それは外部から既存の酒を樽に注入しようとするようなことになりさがってしまう。何事にも発酵と熟成には時間がかかるのである。また教職員自身に発酵や熟成を待てる耐性力がないと、児童・生徒自身も自分自身の発酵し熟成していくプロセスを自己観察する機会を奪われてしまうことになる。樽にいくら外部からよき酒を注入しても、いい酒づくりとは言えないように、教職員が常に正しい裁定者

であり権力の象徴であり、様々な児童・生徒の学校生活の問題解決の主体とみなされては、逆説的に児童・生徒はますます問題解決の主体としての座から降りてしまい、自ら発酵することすら止めてしまうのである。大切なことは、教職員が問題解決の主体となるのではなく、生徒自身が問題解決の主体となっていけるような発酵と熟成を配意できるような杜氏としての力が教職員に求められていると思われるのである。ここに教育相談やカウンセリング・マインドを生かした新しい教育への課題がある。SCは、こうした器づくりを可能とするための、「関係育成的（徳田、2001）なつなぎてや橋渡し役」を担う黒子的存在といえよう。

●2●学校と外的世界の橋渡し

外部から非常勤で派遣されるSCは、家庭と学校の間にあって、両者の「つなぎて」「橋渡し」的役割を担いやすい立場にある。学校に半分は身を置き、半分は外にいる立場が、それをしやすくしているともいえる。そのまさにこの両者の境界（中間世界）あたりにいることが、両者の対立やズレを再統合していくような創造的な立場を取りやすいといえる。

その意味では、これまで学校にとって、臨床心理学や臨床心理士は、「学校外」の存在であったといえる。が、両者が適切に交流し出すと、「学校の外」と「学校の内」の「つなぎて」としての活動に意味を見出すことができるのである。

SCの多くが、非常勤であり、「学校の内でも外でもない中間領域的存在」だからこそ、児童・生徒や保護者や教職員にとっても「関係育成的なつなぎて的存在」として活用しやすい面もあると思われる。

(4) コラボレーション（協働）の重視

コラボレーション（協働）という概念が、これからの学校心理臨床ではキーワードとなる。異なる視点をもった専門家や異職種同士がひとつのチームをつくって、目標を共有し、共同で目標の達成に向かって計画・決定・行動していくのがコラボレーションである。これまでも同じようなことは連携とい

う概念で強調されてきた。しかし、従前の視点は、お互いの役割と機能の差違を明確にし、自分の専門外のことは他人に任せ、お互いがお互いの境界を明確にして、お互いが棲み分けていこうというニュアンスのある連携論であった。しかしそれは一歩間違えば、単なるたらい廻しにほかならない。何か問題が起きる度に、「そのことは○○にいってください」と言われては、相手は無気力になるだけであろう。そうした連携ではなく、様々な異職種（関係機関）が、日頃から緊密な網目状のつながりを保ち、「私たちが、この問題で関わるとしたら、○○となります。もし必要なら、○○さんの方でもどのような対応ができるのか聞いてみましょうか」といったチーム感覚を当たり前とした対応が重要となるのである。

　開かれた学校を強調する新しい学校教育の改革の視点は、このコラボレーションの視点からも見直すことができる。

　異なる視点や意見をもつ専門家同士のコラボレーションが、スムーズにいくときは、自分の専門性と他の専門性の違いの相互理解が一層促進される（亀口憲治編集、2002）。こうした相互刺激と相互触発は、各々の専門性の再定義と資質向上の契機ともなる。こうした新たな再生的気分が、一層の意欲の向上につながる。異職種の者が、同じことをするという意味ではなく、共通する目標に向かって、異なるもの同士が相互に理解を図り、相互に依存しあって相互活用する関係になれるという意味で新鮮なのである。この場合、異なる機関や職種の専門性が相殺されたり、ある専門性だけが優位になるシステムではそれは不満の高いものとなる。ある事例に対して、それぞれの機関の専門家たちが、「自分が、その事例に貢献するならば、何ができるか」をそれぞれ明確化していく作業が大切である

　虐待、自然災害、犯罪被害などの危機介入への対応が、異職種交流のコラボレーション感覚の醸成の契機となることが多い。危機がないときは、それぞれはそれぞれの分野でそれなりに対応していればそれでことに対処できているからである。しかし危機とは、まさにこれまでの対応では対応不能になったときであり、まさにその危機に対応するために新たなシステムの構築のチャ

ンスのときとなるのである。

　このようにひとくちに連携といっても、それはどのようなパラダイム（枠組み）からいっているのかを見極めることが大切である。システムの変化のためには、自ずと新しいパラダイムがなければ何も変化が起きないのである。それぞれの機関や専門家は、ある危機を抱える人や相談者に対して、ひとつの望みの糸として対応するが、その専門家たちの全体は複雑に絡み合った網目状の織物として対応しているとの自覚が大切になる。もし自分だけの対応に限界を見つければ、他の資源にクライエントをつなぐことができる能力をもっているかどうかが問われるのである。この網目状の織物が、ひとつのユニットや器として提供されることが肝要となるのである。

（5）教育相談システムづくりへの参加
●1●心の器づくり

　学校全体を俯瞰したとき、児童・生徒集団が心の嵐に翻弄されないように、教職員全体が心の器となるような役割を担うことが大切となる。嵐は器の内・外に存在する。児童・生徒は、自我形成途上であり、自我同一性も未確立である。それだけに嵐から子どもを守る教職員の補助自我的な役割は、問題行動の有無にかかわらず必要となる。ただし、強調しておきたいのは、器の役割はあくまで補助的な役割であり、児童・生徒に抑圧的となることではない。どんな教職員も自らが好んで暴君となろうとすることはないが、子どもは悪役イメージを教職員に投影しやすいだけに、そうした悪役の投影に巻き込まれて悪の象徴的存在にさせられてしまうことに留意する必要がある。生徒指導の難しい児童・生徒ほど、巻き込みは強い。「悪役に巻き込まれるな」などと理想的なことを求めはしないが、巻き込まれていること自体に無自覚な場合には、後になって一層、心が痛むような展開になったり、児童・生徒の心の傷の増悪化が憂慮されるのである。巻き込まれている真っ最中は、心の嵐に教職員自らも圧倒されているときである。心の嵐に巻き込まれたままの気分で児童・生徒に向き合っては、補助自我の役割を自ら放棄し、暴君化す

る結果になる。また無自覚でいると、心に深い傷をすでに負っている児童・生徒ほど、それまでの生育過程の中で何度も繰り返してきた対人関係の悪循環パターンを、教職員との間でも反復再現することになる。こうなると心の傷はますます深手となり、問題行動は一層反復強化され、衝動性や攻撃性は高まり、問題行動が増悪化する。これでは悲劇である。

大切なことは、巻き込まれていることへの「気づき」である。児童・生徒自身が衝動性や攻撃性の嵐に翻弄され自己調整能力を失っているとき、その自己調整の補助的役割として器的態度をとることが大切なのである。

昨今は、教職員を挑発し、巻き込むような行動をとる児童・生徒が増えてきている時代だけに、余裕をもった心の器となることは、いくら強調してもよいテーマであろう。

●2● 教育相談システムづくりの重点化

これまでの学校には、「指導の理念」を実践化するためのシステムが存在しても、「相談の理念」を実践化していくための具体的システムが脆弱だったのではないだろうか。その意味では、SCの活用も、単に学校内に心の専門家を配置して終わるような類のものであってはならない。これまでの学校組織や文化の中に、臨床心理学からの知見を参考にして、これまで以上に子どもの適切な心の器となるような新しい学校文化や組織のありようを探究・創造することにこそ本質的な意味があるからである。そのためには、器づくりの中核的な推進母体となるような教育相談システムが、学校内に具体的に組織化される必要がある。

SC自身も自分のカウンセリングのためのではなく、児童・生徒や保護者への相談支援体制の充実化の視点から役割を探究することが大切であろう。間違っても、教育相談システムなどの母体づくりが、SCが活動しやすくなるための組織化であってはならない。また、学校側も、SCの活用ばかり意識していては、主体性の喪失を生む危険性がある。あくまで学校側がSCを活用する立場であることの自覚は、双方にとってとても大切なことなのである。

児童・生徒や保護者を支援していくための学校内の相談支援体制づくりに、

教職員と協働してSCも積極的姿勢で参画していくことが大切なのである。

＜参考文献＞

- 鵜養啓子（2002）：状況をとらえ　こころを受けとめる：学校心理臨床講座記念講演．心理相談室"こころ"主催．
- 小此木啓吾（1998）：治療関係論：心の臨床家のための精神医学ハンドブック．創元社，45 - 60．
- 亀口憲治編集（2002）：コラボレーション：現代のエスプリ．419．至文堂．
- 亀口憲治他（2001）：座談会　学校心理臨床の現状と課題．現代のエスプリ．学校心理臨床と家庭支援．407，5 - 39．
- 河合隼雄（1992）：心理療法序説．岩波新書．
- Caplan (1970) : The theory and practice of mental health consultation. New York: Basic Books.
- Guggenbühl-Craig, A. (1980) : Seelenwüsten: 長井真理訳（1989）：魂の荒野．創元社．
- 黒沢幸子（2000）：スクールカウンセリング活動の5本柱：村山正治編集：現代のエスプリ別冊．臨床心理士によるスクールカウンセラー－実際と展望．至文堂，89 - 99．
- Groddeck, G. (1923) : Das buch vom ES：岸田秀・山下公子訳（1991）：エスの本－無意識の探究．誠信書房．
- 定森恭司（1994）：福祉心理臨床雑感：児相の心理臨床6．児相の心理臨床編集発行委員会，62 - 72．
- 定森恭司（2001）：資格法制化に向けて思うこと（1）：日本臨床心理士会会報．10 (1)．日本臨床心理士会，30 - 31．
- 菅野純（1993）：生徒指導VS教育相談．進路ジャーナル389．実務教育出版，19 - 21
- Samuels, A. (1985) : Jung and the post-Jungians：村本詔司・村本邦子訳（1990）：ユングとポスト・ユンギアン．創元社．
- 徳田仁子（2001）：スクールカウンセリングにおける多面的アプローチ：臨床心理学，1 (2)．金剛出版，142 - 146．
- 中村美津子（2002）：第4回学校心理臨床における相談構造づくり：平成14年学校心理臨床講座．心理相談室"こころ"主催．
- Pitcher, G. Poland, S. (1992) : Crisis Intervertion in the schools：上地安昭・中野真寿美訳：学校の危機介入．金剛出版．
- Menniger, K. (1959) : Theory of Psychoanalytic：小此木啓吾・岩崎徹也訳（1969）：

精神分析技法論．岩崎学術出版社．
・山本和郎・村山正治編集（1995）：スクールカウンセラー－その理論と展望．ミネルヴァ書房，1－10．

第2回

学校心理臨床における見立てとその方法

前田由紀子

第1章　学校心理臨床における見立て

1）臨床心理学における見立てとは

　心理臨床大事典によれば、「見立て」とは「診断と予後を含む全体の見通しであり、治療過程全体についての見通しをもつこと」(西田、1992) と定義されている。

　下山 (2001) は「臨床心理士が行う臨床的判断は診断や治療といった医学的概念とは異なるところにあるという積極的な理由から、診断や治療の論理に単純に従うことに注意を促し」たいとし、「現代においては見立てを立てるためには、単純に『診断』に基づくのでは立ち行かなくなっている」と述べ、臨床心理学独自の方法としての「ケースフォミュレーション[注1]＝得られた多様な情報を統合して事例の当事者を総合的に理解するための仮説を生成すること」という作業が、臨床心理学の活動の独自性を構成する中心的作業であると位置づけている。

　筆者もそうした考えに立ち、「患者」の個人的病理・異常性を明確にするというより、本人の、自己や他者に関する認知の特徴、行動特性、知的資質等のアセスメント、さらには本人のおかれている物理的・経済的・対人的環境、社会的資源のアセスメントも含む多元的・総合的判断をし、さらに今後、誰に（何に）、誰が、どのように、働きかけていくことが可能であるかという見通しも含む判断をしていくことが、臨床的援助をしていくにあたって必要不可欠と考える。つまり、本人の要因（認知・行動・身体・知的能力、外傷体験の有無とその有り様、遺伝的負因の有無等）のみならず、環境的要因（物理的・経済的・対人的環境、社会文化的な影響、社会的資源等）と、その相互関係、さらには予後への見通しまで含めた、多元的総合的判断をしていくことが「見立て」であると考えている。

　筆者らは、前回の項でも述べたとおり、医療モデル＝「原因解明→治す」

といった単純な因果論には立たない。どのような流れでここに至り、これからどこに向かおうとしているのか、という「プロセスを見立てる」という考え方をとっている。何らかの働きかけが行われれば、直接働きかけられたその個人に留まらず、その個人をとりまく全体に影響が及び、変化が生じる。「見立て」とは、固定的なものではなく、プロセスとして理解し、不断に「見立て続ける」必要があると考えている。

こうした立場に立って、次章以降、学校心理臨床における「見立て」の実際を見ていきたい。

2）学校心理臨床における見立ての特徴

(1) 3つのポイント

学校心理臨床における「見立て」も基本的には、本人・環境要因について、過去現在未来に目を配り、多元的・総合的・プロセス的に理解・判断をしていくことである。ただ、従来の来談室型の相談と比べて、際だった特徴があるので、ポイントを押さえておきたい。

第1点は、「臨床の場」が、限られた「相談室」に留まらず、大勢の人間が生きている現実生活場面となること。スクールカウンセラー（以下SCとする）は学校へ直接入っていくことで、クライエント本人が生活している空間に直接接することになる。そのことのメリットとデメリットを押さえておかなくてはならない。

このような学校心理臨床を、「本来の心理相談」からの「応用編」として捉える場合もあるが、筆者らはそうした視点には立たない。むしろ「実験室」から「臨床の場」へ出たのであり、臨床心理学はそこで応えてこそ、職業として認められるものとなる。

次のポイントは、対象が「問題を抱えている人」に限らないということ、どこで「問題」が生じているのか？　誰が「問題」と感じているか、誰を対象に、当面やっていけるのか、などをまず見立てる必要がある。

「相談室」へは「主訴」をもったクライエントが来談し、その「主訴」の解決を目指すことになるが、学校心理臨床では、まず「誰が」どのような「主訴＝変化への期待」をもっているのかを見極めるところから始まる。

3つ目のポイントは、学校には教師という健康度も能力も比較的高い職業人が存在し、彼らと協働（コラボレーション）できる条件が整っていること、さらには健康度の高い生徒が圧倒的多数として存在し、彼らの協力も得ることが可能であるということである。

家族療法では、一般に「クライエント」「患者」と呼ばず、IP（Identified Patient）(注2)と呼ぶ。学校臨床においても、こうした視点で「問題児童・生徒」及びその周りの集団的力動を見ていくことが有効である。「問題児童・生徒を治す」という考え方からすれば、その「問題児童・生徒」自身、及びその原因と考えられる家族への「治療的アプローチ」なしに、その問題の改善を望むことは難しく、それ以外の方法は補助的なものと見なされるだろう。しかし、IPの概念を取り入れ、「問題児童・生徒」はあくまでその学校全体（地域・家族も含めた）の指標と考えれば、本人・家族以外へのアプローチも十分に有効であるという説明が成り立つ。

(2) 4つのキーワード：「直接性」「多変量性」「関係性」「全体性」

来談室型の相談であれば、クライエントというフィルターを通した間接的な情報のみを扱うことになるが、学校心理臨床ではクライエントの心的現実と、SCが五感で直接感じとった状況との双方を情報として得ることが可能となる。「集団」をかなり強く意識して運営されている「学校」という場は、好むと好まざるとに関わらず、その中に生活している人々－SCも含めて－に強く影響を及ぼしてくる。この影響力を抜きに学校臨床は語れない。

「学校」には豊かな情報があり、その生活現場にSC自身が身をおくことによって、「問題」を多面的・多角的に捉えることが可能となる。しかし一方で、この情報過多と直接性によって、援助者が巻き込まれ、混乱を引き起こすことも、稀ではない。この無限に近いバラバラな情報を整理し、再構成し

ていく方法が、学校心理臨床では必要となってくる。混沌とした全体を、いくつかの次元で切り取りながら、「この」生徒の「この」問題を立体的に見立てていく方法を工夫しなければ、情報と情動の海におぼれてしまうことにもなりかねない。

　学校に入っての圧倒されるようなこうした体験を、筆者はかつて「学校という有機体」と表現した（前田、1998）。また、伊藤亜矢子（1998）が「学校風土」（資料2-1）と呼び、研究しているのも、こうした学校という「場」のもつ力についてである。この力のもつ強大な「直接性」からいかに距離をとり、その「多変量性」をむしろ情報量の多さとして、心理臨床に生かしていけるかの工夫が、学校臨床では要求されてくる。

　学校という生きている、実に巨大で強大な影響力をもつ「有機体」を知るためには、何をどう観察したらいいのか。どこにどう働きかけると、この有機体のどこがどう反応するのか。今後これとどうつきあい、どう折り合いをつけていけるのか。そんな感覚が必要となってくる。

　学校では、学校外の相談室へは決して足を運んでくれそうにない本人や家族とも、多忙な担任とも、必要があれば直接会うことが、比較的たやすい。「問題児童・生徒」本人にも、その家族にも全く来談意欲がない場合であっても、それを「問題」と感じている担任、もしくはその他の教師から、そのIPの問題がSCの元にもち込まれる場合も決して少なくない。そして、IP及びその家族とSCが直接関わることなしに、その教師を支えることだけで、その「問題」が解決することもしばしば起こりうる。IPをとりまく社会的資源の見立てが重要となる所以である。学校という場は、多方面からのアプローチを可能とし、子どもに対する援助者の連携と協働（コラボレーション）への可能性をもたらしてくれる。

　「直接性」は、「関係性」へともつながる。SCが「客観的な観察」の位置に留まることは、学校心理臨床においては困難であることが多く、SC自身がひとつの社会的資源になる必要に迫られる場合も生じる。さらには、SCが学校に入りこみ、活動することによって生じる周りへの影響は、異端分子である

だけに着任直後はとくに大きく、その影響も常に見立てている必要がある。
　「学校」という場での見立てのキーワードは、「直接性」「多変量性」「関係性」「全体性」だと言えよう。

(3)「見立て」の対象
　以上のように考えていくと、学校心理臨床における見立ての対象は、IP個人に限られない。
　地域、家族、教師及び生徒個々人、それぞれが見立ての対象であり、かつ、それら相互の関係性も見立ての対象となる。さらにはそれらが全体として醸し出しているものもまた見立ての対象となる。その「全体」の中にはSC自身も含まれている。
　この「全体」を見立てるというのが、学校をひとつの有機体と捉え、その有機体としての「学校」を見立ての対象とする視点であり、「学校アセスメント」と呼ばれる。
　このように多層多次元的な見立てが、学校心理臨床では求められるのである。

3)「学校」という場での「見立て」の実際

(1)「この」の見立て
　では、実際に学校心理臨床においてどのように「見立て」を行うのか？
　学校という場の圧倒的な情報量＝多変量性を処理する方法として、「この」地域にある、「この」家庭に育ち、生活し、「この」学校で様々な関係の中に生きている」『この』子ども。「この」地域にある、「この」教職員集団と「この」子ども集団を抱える、『この』学校。といった具合に、「この」の視点でひとつずつ切り取ってみていくと、整理がついてくる。
　学校において、何らかの「問題」が取り上げられる必要が生じた場合、それが「問題」とされてきた、されている、クラス・学年・学校・教職員集

団・地域・家庭それぞれを、見立てていくことで、解決の糸口を見つけることが可能となる。「問題」は真空状態の中でうまれるものではない。ある事柄が「問題」とされるか、されないかは、その集団に大きく影響される。「問題」があっても、それが「問題」とされてこなかった、あるいは「問題」とならずに済んできた経過を見立てていくことも必要となる場合もある。

　例えば、SCに直接関わることで考えてみよう。校内の「相談室」にゲーム類やマンガ本を置くことは、全く許さないと考えている学校と、何の抵抗もなく許される学校とがある。この差は、その中に生活している生徒にかなり強い影響を及ぼすことは容易に想像できる。しかし、その学校がそういう体質をもっているのは、歴史的（例：かつて非行の嵐が吹き荒れたか否か）・文化社会的（例：地域経済・保護者の意識水準＝保護者にどれだけ任せられる力があるか）等多くの要因が絡んでおり、個々の教職員の教育観とは、ずれている場合も少なくない。このことを直接生徒指導担当の教師とのやりとりのみで解決しようとしても、徒労に終わることが多い。

　このようにひとつの「問題」が巨大なコンプレックスであることに気づかされるとき、無力感に襲われることも少なくないが、それを防ぐ手だてとして「この」の視点がある。丁寧に面前の小さな局面を洗い、整理していく作業を続けている内に、気づかぬ内にするすると糸が解けていっていたという体験も、決して少なくない。

　学校心理臨床の場合、IPと接触することは比較的たやすい。個別面談ができなくとも、間接的あるいは一方的な接触・行動観察なら、ほとんどの場合可能となる（教室・廊下等で接触・観察する。IPを良く知る人とコンタクトをとる・情報を集める等）。地域・家庭を訪問することで、IPの実際の生活場面を体感することも可能である。

　次に、IPをとりまいている個々の友人・同学年集団・他学年集団、担任・教科担任・部活顧問、教職員集団（管理職・それ以外）、家族、地域（近隣・援助機関）を、これもまた直接接触・観察が可能であり、それらのもっている外的・内的・潜在的可能性の見立てを丁寧に積み上げていく。この際もかなり

直接的な－SC自身の五感を通した－情報収集が可能なのが、学校心理臨床の場である。

これらの要素は、それぞれ独立したものではなく、お互いに影響しあっている「関係」が存在するので、その相互の関係をも、さらに見立てていく必要がある。実に学校における集団力動の力は強大である。日本の教育の場では「学級づくり」といった視点で、集団力動をポジティブに動かすノウハウが永年培われてきている。この集団の力を味方とできるか、敵に回すかで、全く異なる結果を得ることになるだろう。

IPの「問題行動」・IPへの働きかけひとつひとつが、他の児童生徒へ、教職員へ、保護者へ、保護者集団へ、他の地域の人々に、実に大きく影響を与えあっている。その大きさに圧倒されないためには、「この」の視点で見ていくことが重要となってくるのである。

(2)「見立て続ける」ということ－プロセス的理解－

「学校は生物（なまもの・いきもの）」とは、筆者が最初に行った中学校の養護教諭の言葉である。週に1～2回、非常勤で行っているSCにとって、その学校の変化についていくのが困難だと感じることも少なくない。1週間前の「問題」が、次の勤務日に良くも悪くも、大きくその様相を変えていることは、多く経験するところである。

また、改めて思春期の子どもの成長力に感嘆させられることも多かった。今まさに激動の成長を続けている子どもたちの集団であるので、力動を固定的に考えていると、大きな誤算となる場合がある。

●1●過去～現在の見立て

ある児童生徒の問題行動のもつ臨床心理学的意味－なぜ、この問題が、今、起きてきているのか？　について、そのIPの個人的生活史及び、その家族歴を見立てることは、一般的な臨床心理学の手法である。それに留まらず、このIPの在籍する「この学校」「この学級」「この地域」の歴史。この学校の成員である児童生徒たちのこれまでの経験（個人的体験・共有体験）と、その絡み

合い。担任及び、IPに関わる教職員の、教師としての歴史から、学級におけるその影響力など、前項で述べた「この」のレベルで、それぞれが現在に至った経過を見立てていく－問題行動を作り出してきている構造の絡み合い－を丁寧に見ていくことで、時間的流れの中での立体的なケースフォミュレーションが見えてくる。

小学校時代の対教師関係・友人間の対人的トラブル等（例：学級崩壊、いじめ・いじめられ体験等）が、中学校での「問題」に深く関わっていることは多く体験される事実である。

●2●未来へ向けての見立て

過去から現在に至るケースフォミュレーションだけに留まらず、これからこの流れはどこへ行こうとしているのか、どこへ向かうことが援助的であるのかという未来志向の見立ての視点は、短期療法や家族療法ではなじみ深いものである。学校心理臨床においては、教育自体もともと未来志向が強いものであることから、教師とコラボレーションしていく際にこの視点を入れることで、一致して動きやすくなるというメリットもある。

まずは、IP自身の未来に向けての見立てを中心に据え（IPはどうなっていくことを望んでいるのか）、そのIP自身が主体的に問題を解決していくために、外界から何らかの援助が必要か否か、可能か否かを見立てていく。集団力動の影響力については前項でも述べたが、問題解決を志向した際にも、その力をいかにうまく利用できるか？　抵抗を最小限に留めるためには何が必要かといった援助のためのリソースとしての外界の見立てなしには、学校心理臨床は難しい。

見立てつつ、援助を行っていくにつれ、事態－有機体としての学校－は、時々刻々と変化していく。その「問題」の様相自身が変化していくことも多い。例えば、家に籠もっている地味な不登校の子どもと思われていた子が突然髪を染めて登校してくる。これまで「いじめの加害者」とされていた子どもや、バリバリの非行問題を起こしていた子が、「不登校」なり、鬱的な状態に陥る等、援助する側である教師・学校側がかなり戸惑わざるを得ない場

合も多い。その変化の意味とそれが今後に与える影響とを考え続け、援助の側が翻弄されてしまわないよう、全体を見続ける視点をSCがもち続けていることが重要だと考えている。

(3)「場からの転移・逆転移」

学校という場は生活現場そのものである故に、かなり密度濃く、有機的に相互に影響をし合っている。そこへ教員以外の、SCという得体の知れない存在が入っていくこと自体、周りに大きな影響を与えざるを得ない。平成7年度に初めてSCが公立中学校に導入された際には「黒船襲来」と目されたものであった。しかしその平成7年度から学校へ入ったSCとして筆者が感じた体験は、「黒船」どころか「ジョン万次郎」の気分であった。

「見立て」の際に「SCの存在」自体も見立てていく必要があることを述べたが、SCが学校内にいることで引き起こしている影響と、さらには学校からSCが受けている影響についてもよく吟味していなければならない。

この「場からの転移・逆転移」には、よく注意する必要がある。一対一のカウンセリング場面と同様SCは、否応なく、多くの児童生徒・教職員そして地域から様々な投影を受けることとなる。投影されているものを「投影されているのだ」という認識をもてなければ、学校という強大な有機体のコンプレックスの中に巻き込まれてしまう。

もちろん「場からの転移・逆転移」は否定的な意味だけをもつものではない。SCの感じている感覚を、センサーとして積極的に有効利用することが、むしろ望ましい。そのためには、SCの感じている感情が、かなり個人的なコンプレックスによるものなのか、「学校」側から受けているものであるのかを、スーパービジョン等で確かめつつ、行っていく必要があるだろう。

「場からの転移・逆転移」ということ以外でも、SCの存在・活動自体が、学校という有機体全体の力動に影響を与えずにはいられない、ということを忘れてはならない。SCが「相談室」という守られた空間から、学校という場の中に出ていくということは、否応なくSCも「学校という劇場の一人の出演

者」となることを意味している。

　常にSC自身が立っている場を意識化・明確化しておくことは重要で、児童生徒から、教師から、地域からどういう投影を今受けているのか？　SC自身がそれによってどのような影響を受け、反応しているか。SCの反応や行動がどうそれらに影響を与えているのか？　といったように、学校という有機体とSC自身との相互関係を常に見立てていなくてはならない。

　不用意なSC自身の動きが「問題」を発生させてしまう恐れも小さくないが、無用に恐れ、動けなくなってしまう必要もない。SCと「有機体」との間に転移逆転移感情が生まれるのだということを理解した上で、その関係を楽しみ、利用できる余裕がもてていくよう心掛けていくことが望まれる。SCの存在・SCの活動自体を社会的資源として活用するという発想も必要であろう。

＜参考文献＞
・伊藤亜矢子（1998）：学校という「場」の風土に着目した学校臨床心理士の2年間の活動過程．心理臨床学研究，**15**(6)，No.6 659 – 670.
・下山晴彦（2001）：診断からケースフォミュレーションへ．臨床心理学，**1**(3)，323 – 330．
・土居健郎（1996）：「見立て」の問題性．精神療法，**22**(2)，118 – 125．
・西田吉男（1992）：「インテーク面接」．心理臨床大辞典．培風館，178 – 180．
・前田由紀子（1996）：「学校という有機体との出会い」スクールカウンセラーの実際．こころの科学増刊．日本評論社．

(注1)＜ケースフォミュレーション＞
　「事例の当事者の心理的、対人的、行動的問題の原因、促進要因およびそれを維持させている力に関する仮説であり」、それによって「その人に関する複雑で矛盾した情報をまとめ上げる」助けになるもの（Eells, 1997）。ケースフォミュレーションには、乳幼児期に体験した外傷体験に関連する脆弱性、病理的な行動を学習した経緯、遺伝質的な影響、社会文化的影響、現在の問題刺激要因、自己や他者に関する認知的偏りといった事柄に関する推論が含まれる。日本語の見立てに近い。

　「臨床心理学の独自性は、病理的基準に基づき診断分類的に焦点化していく精神

医学とは異なり、様々な多元的情報を統合して仮説を生成するケースフォミュレーションは、臨床心理学の独自性を支える中心的作業となる」(下山　臨床心理学　2001　Vol.1　No.6)

（注2）＜IP（Identified　Patient）＞
　患者とみなされた者、もしくは指標になる患者という意味の略称。システミックな立場をとる家族療法では家族全体が問題なのであって、主訴として問題にされている人物はその問題の単なる指標もしくは家族の力関係からそういう立場に立たされているにすぎないと考える。例えば子どもの登校拒否を主訴として来談してきた家族にとって当の子どもは両親の不和を含む家族全体の問題の回避機能をもった犠牲者とも考えられる。IPの機能や役割については家族療法各派によって相違がある（長谷川啓三、カウンセリング辞典）。

第2章　学校心理臨床における見立ての材料

　「学校を見立てる」ための、具体的な指標について、この章では述べたい。
　資料2-2＜学校を見立てるための指標＞は、以下のような7項目に分けて具体例を羅列してある。
　ここでは、表層的な指標を主に取り上げてある。初めて学校にSCとして入った者が入って直後に「学校を見立てる」ことは難しい。ここに挙げたような具体的な指標をチェックリスト的に用いて、「学校」を感じ取り、見立てのための資料を集めていくと良い。
　ここでは、あくまで手がかりとなりやすい指標を「羅列」してあるだけである。地域・年代等により、その各項目の重みづけは異なってくるし、これ以外の項目が重要になる場合ももちろんあろう。それぞれのSCがこれらの指標を手がかりに、それぞれの学校に合った見立ての工夫をしていくことにより、当初バラバラに見えていた指標が、それぞれの重みづけをもち始め、意味性をもって現れてくるであろう。

1．SCの雇用・ニーズに関するもの
2．自治体（県市町村）を見立てる
3．学校区を見立てる
4．地域の「人」を見立てる
5．学校を見立てる
6．教職員集団を見立てる
7．子ども集団を見立てる：学校全体・学年別・クラス別に把握

＊＜資料2-2＞学校を見立てるための指標

第3章　学校心理臨床における見立ての視点

1）見立ての視点

　第2章では、見立てのための手がかりとなる指標をとりあえず羅列した。学校に入って直後は無意味刺激にも近いほどのバラバラな多くの情報・刺激と、非言語的な強い場からの転移逆転移の嵐に翻弄させられるという状況を第1章で述べた。
　この第3章では中級編として、見立てを行っていく上での視点を提示してみたい。
　視点のポイント1が「心の内外を見立てる」であり、ポイント2が「多層多次元的見立て」である。

2）心の内外を見立てる

(1)「心の内外を見立てる」とは？

　人の「心」は、意識と無意識の区別のつかない混沌とした乳児の段階から、様々な体験をとりいれ、埋め込みながら、発達に伴い、無意識・前意識・意

識と層状に構成されていくと考えられる。

　身体感覚に繋がりを深くもつ無意識・前意識的な部分である内界を、意識をもつ主体としての自我がどのように感じ取り、認知しているか。心の内界と自我を隔てている境界膜が薄すぎれば、無意識内容が自我に侵入してきて、異常体験が生じることがある。厚すぎる場合は、抑圧が強すぎて、その弊害がでてくることになる。現実としての外界と、自我との境界膜の厚さ・薄さとの組み合わせによって、様々なパーソナリティを形づくることになる。

　一般に心理臨床においては、心の内界の有り様と自我との境界膜についての見立てが重視されるが、人は家族のみならず、会社等の組織や地域といった、入れ子状に連なる多次元の外界（＝現実）の中で生活しており、そうした外界も人の「心」と行動に大きな影響を与えている

　IPを含む、IPを取り巻く多次元の外界全体を見立てることから始まり、IPが、自身の内界からの投影も含め、外界をどのように認知しているのか（IPの心的現実）を見立て、さらにはIPがそうした心的現実を踏まえ、実際にどのような行動をとっているのか。そしてそれがさらに外界に影響を与えているのかという相互作用までを見立てていく必要がある。

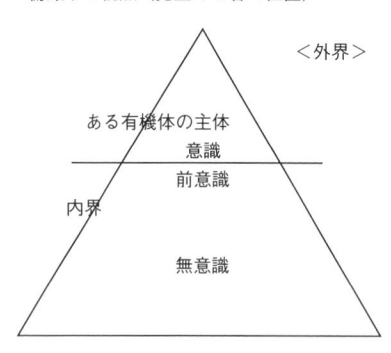

図1　層俯瞰図

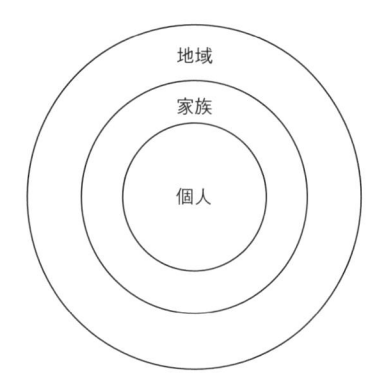

図2　次元俯瞰図・例
（外界は入れ子状態で、多くの次元が存在）

「心の内外を見立てる」とは、このように、層状に積み重なっている各個人の心の内界を俯瞰的に見立てていくと同時に、そうした層状に積み重なった「心」をもった個人と、それを取り巻く様々な次元をもつ外界との相互作用も俯瞰的に見立てていくという作業である（詳しくは、第8回を参考）。

(2) 学校心理臨床における「心の内外を見立てる」ことの意味

「心の内外を見立てる」という視点は、学校という場以外の相談室等でクライエントと会う場合にも、もちろん重要であるが、とくに学校心理臨床においては、より重要・有効になる。

前章で述べた＜学校を見立てるための指標＞は、外界が個人に及ぼす影響を見立てる際の指標であると言える。SCとして学校に共にいることで、五感を通じて伝わる外界＝生きて変化し続けている外界を感じ取ることが可能となる。伊藤亜矢子が「カーテンが揺れていない！」（資料2-1参照）ことを手がかりに学校の見立てを行っていったエピソードは興味深い。このように豊富な、しかしバラバラな情報を整理し、再構成していくためには、この視点が整理の枠組みとして、より重要となる。

また、日本の学校文化においては、「型」が重んじられ、教職員や保護者は児童生徒に対し、「外的＝現実的な行動」の変化を期待する場合が多い（いわゆる「生徒指導系」と呼ばれる教職員。髪の色、長さといった細かに決められた校則のことを思い出してほしい）。学校においてSC以外の、子どもへの援助者である大人たちとコラボレーションしていく際には、心の内面だけを問題にしていては、うまくいかない場合が多い。彼らは、IPである子どもの行動に直接的に影響を及ぼす、働きかける、働きかけざるを得ない立場に置かれている。具体的現実が、どのようにIPの内面に影響を及ぼしているのか、どのような具体的な働きかけをすることで、IPの内面にどのような変化が生じたか、生じていく可能性があるかを見立てる。そしてそれを教師・保護者・SCが共通認識としてもつことができれば、それぞれの立場で、それぞれのレベルで働きかけることが可能となる。

「外界を見立て」「外界に働きかける」といったとき、SCも共に「型」を重んじ、積極的に「教育的」、あるいはケースワーク的な動きをしろとか、行動療法的関わりをしろと言っているのではない。SCとしての活動の中に、そうした動きが求められてくる場合もあるが、ここではあくまで、外界を「見立てる」ことの重要性を述べたい。

前章まで「学校を見立てる」として述べてきたことは、そうした学校という外界がIPにどのように影響を与えているかを見るためである。「学校を見立てる」とは、学校を見立てること自体が目的ではなく、その「学校風土」というものがIPの心の内面にどのように影響を与えているかを、見ていくことがその目的なのである。IPの外界としての学校を観察した上で、学校内の相談室でIPと面接し、その内界をIPと共に観察できる立場に立つこともできたなら、その内界で起きていることと、外界で起きていることの相互の関係を見立てていくことが可能となる。

SCが直接観察した「外界」と、IPの感じている主観的な外界認知とずれる場合もあり、それはそれで、IPの外界認知の仕方の独自性を理解する手がかりとなるという意味がある。

カウンセラーというものは、元々個人の内界を感じ取る訓練を受けてきており、個人の内界を見立てることは得意である。内界の動きのみに着目する心理主義に陥ることなく、それをIPを囲む人々に伝え返していくことは、「異文化交流」の柱である。

最後に蛇足ながら付け加えておきたいのは、学校にいる子どもたちは、心理的に発達途上にあり、内・外の自我境界が定まりきれていないのは、いわゆる「問題児童・生徒」ではない子どもたちも同様である。「自我同一性の確立」途上にあることを忘れてはならない。

(3)「心の内外を見立てる」の実際

例えば、ある女生徒が「みんながにらんでくる」と訴えてきたとしよう。周りからにらまれていることの辛さや恐怖を共感的に聴くことがまずもって

の基本ではあるが、「心の内外を見立て」、ケースフォミュレートしていくことを考えよう。

　実際に現実として、多数の生徒からにらまれ、疎外され孤立化させられている事実があるとすれば、危機介入的にIPをそれから守る手段、方法を教職員と共に考えなくてはならない。また、全くそうした事実がないのであれば、統合失調症を疑うことも必要となる。

　多くの場合はこのように外界の影響だけ、内界の影響だけということはなく、以前にいじめられ体験があり、それが内界の不安感を引き起こしやすくなっているところに、実際に友人関係のトラブルがあり、それが引き金となって、問題が起きているなどといった場合が多い。トラブルの相手や背景となっている学校の雰囲気を見立て、かつ、過去のいじめられ体験を見立てる必要がある。

　さらには、非常な不安感を抱え、SCに対して訴えてくる場合であっても、現実生活は比較的落ち着いてできていることが確認できる子どももいれば、その不安が漏洩し、周りから奇異の目で見られかねない状況が出てきてしまう子どももいる。SCが実際に生活場面で観察する、あるいは教職員から情報を入手するなどして、それぞれの子どもにあった適切な処遇を、教職員と共に考えていくことが必要である。

●1●事例1　教師側とIP自身の外界認知に差がある場合

　「高機能広汎性発達障害をもつ」B君の事例。中学入学後、クラスメートとのトラブルを頻回に起こし、机を振り回すまでの騒動になってしまうとの問題行動を示したB君。SCが面接し、高機能広汎性発達障害の疑いをもち、受診勧奨。診断を受けることになった。

　B君は他の生徒からの些細なちょっかいに拒否感を感じていたが、表現が下手なため、うまくそれを他児に伝えることができず、被害感を募らせていく。結果としてパニックを引き起こしていた。教師には他児から受けたことを強い被害感と共に訴えるが、教師から見れば「B君も他児もどっちもどっち」→B君は「自己中心的で、困った子」になっていた。この場合、どちら

が正しいか？　では解決しない。B君の外界認知が他の子どもたちとずれていることを、周りが理解しない限り、B君の問題行動は収まることはない。

●2●事例2　外界の操作で「問題行動」が収まる場合

「母の腰痛」を理由に欠席するC子さんの事例。欠席が目立つということで問題となってきた女生徒。「登校すれば何の問題もないのに」ということであった。状況を聞いていく内に、母子家庭で、乳児を抱えた母が重度の腰痛であって、母が動けなくなったときに、C子さんが妹と母の世話をするため、欠席に至っていることが判明。

こうした場合にはC子さんの「つらさ」を共感しているより、まずは、母への福祉的サポートを考えることが先決となる。

こうした事例の場合、「分かって」しまえば、「事例」ですらないと思われがちであろうが、学校心理臨床において意外な盲点となる場合が時にある。

3）多層多次元的見立て

(1)「多層多次元的見立て」とは？

前節では主に、個人と外界との関係を中心に「心の内外を見立てる」ことについて述べてきたが、「内外を見立てる」視点はそれに留まらず、地域と学校との関係、学校全体と学年、学年とクラス。また教師と生徒、生徒集団と個人など、それぞれの「内と外」との関係を観察し、それらを組み合わせて、多層、かつ多次元的に見立てていくことで、より見立てを充実させることが可能となる。

図3・図4は、前にも示した層俯瞰図・次元俯瞰図にそれぞれのものを置くことができることを示す。これまでにも「学校という有機体」という概念を用いてきたが、「学校という有機体」の内界と、外界としての「地域」。「生徒集団という有機体」の内界と、「学校」という外界といったようなメタファーを考えてみるということである。「有機体」である各集団それぞれの内界には、抑圧され、無意識化されたものが存在している。そうしたものも

俯瞰する視点（見立てる者の位置）

☆有機体としての生徒集団
＜外界＞
意識
無意識

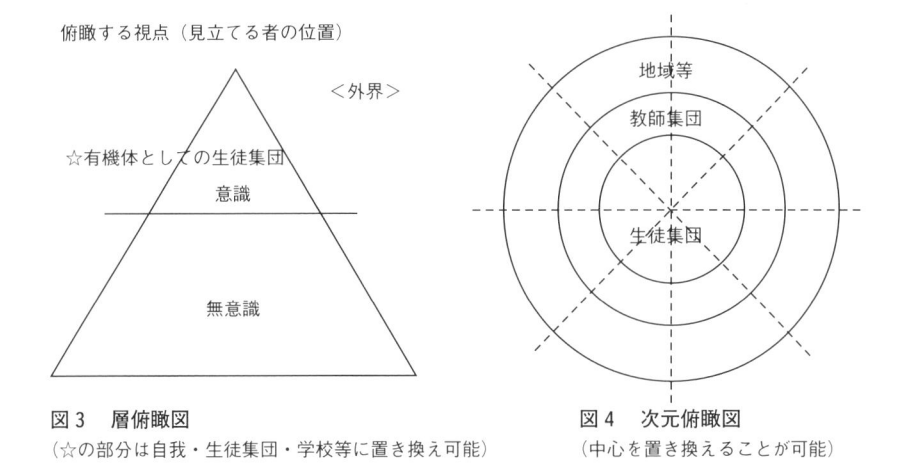

図3　層俯瞰図
（☆の部分は自我・生徒集団・学校等に置き換え可能）

地域等
教師集団
生徒集団

図4　次元俯瞰図
（中心を置き換えることが可能）

見立てていくことになる。

　各集団内部の層構造・力動や相互関係を見ていく際には、家族療法で用いられることの多い、エコマップを作成することも、「俯瞰する視点」をもつためのひとつの方法である。

　SCが学校という有機体の一構成要素となりきってしまうと、その無意識に振り回されてしまいがちとなる。そこで、「見立てる」＝「俯瞰」視点をもつことが重要なのである。

　「学校は箱庭だ」との感想をもつSCは多いようである。学校の内外で何が起きているのかを、箱庭のように俯瞰していく視点は、「多層多次元的見立て」のひとつであると言える。

　俯瞰する視点をまずSCがもつことによって、今この学校で何が起きてきているのかが明らかになっていく。その俯瞰的視点と理解を援助者の間で共有し、かつIP自身ももっていけるよう援助していくことによって、主体的な問題解決の方向にそった援助となっていくと考えている。

(2)「多層多次元的見立て」の実際
●1●事例1　学校を比較する－θ校とγ校の比較から考える－

「学校」の個人に与える影響を見ていくために、かなり「風土」の異なる2つの中学校を仮定してみたい。

<θ校>

教職員集団内はほどよい境界をもち調和的

　教師・生徒集団間の壁がほどよい地域と学校間もほどよい関係

　地域内は安定し、学校との関係は過去にもトラブル少なく、ボランティアなど人の交流も盛ん。

　生徒が職員室に比較的気軽に出入り。生徒の自発的活動も盛ん

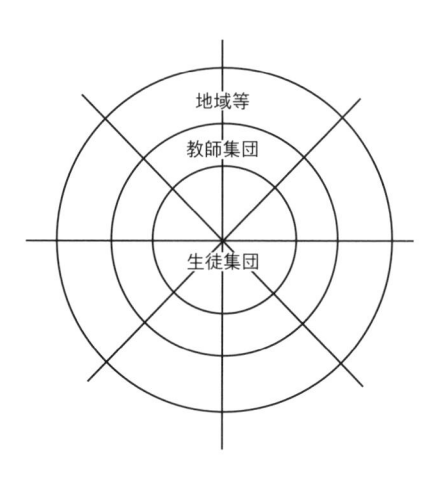

生徒集団をひとつの有機体としてみたとき

　自発的な内的エネルギーが高く、内的葛藤＝生徒間葛藤も高くない。
　抑圧は強くないので、教師への否定的投影も強く起こさない。

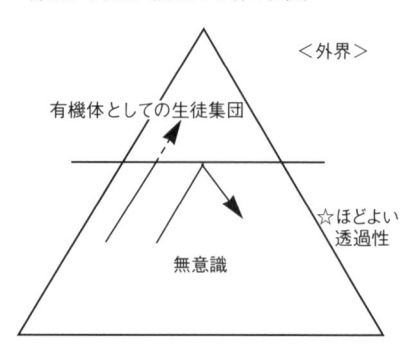

＜γ校＞
教師間が一部硬直化・相互侵入的
　教師・生徒集団間は一部硬直化
　地域・学校間も一部硬直化

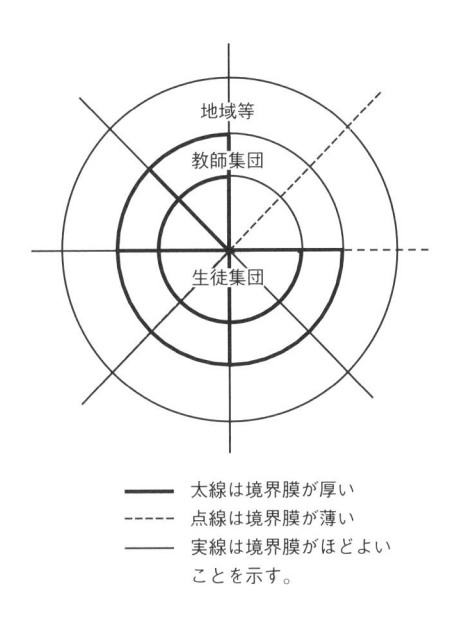

　保護者の自発来談少ない、
　学校への否定的な態度
　職員室で教師の湯飲みを片づける生徒
　「分かってくれない」と依存的な生徒の訴え多い

　生徒集団は新興住宅地と古くからの地域の子どもとの間で、離齬があり、一部に教師批判の強い生徒も存在。一見教師に対して従順な態度を見せてはいても、陰ではかなりの教師批判を繰り広げている。
　教師間は生徒指導のあり方を巡って、見えない葛藤が存在。セクト化している。

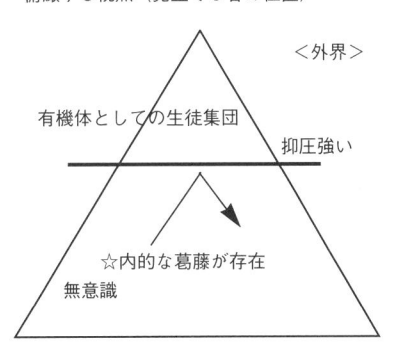

　メタファーとしての生徒集団は、抑圧強く、それによって否定的な投影も強く働く。

――― 太線は境界膜が厚い
----- 点線は境界膜が薄い
――― 実線は境界膜がほどよいことを示す。

俯瞰する視点（見立てる者の位置）
＜外界＞
有機体としての生徒集団
抑圧強い
☆内的な葛藤が存在
無意識

θ校とγ校でそれぞれ校内研修として事例検討会をしようということになったらどうなるであろうか？　θ校であれば、なじみの少ないSCに対しても抵抗感少なく、教師間に緊張状態はないので、自由な話し合いができやすく、生徒の情報もそれぞれの教師としてもっているので、それを集めることによって、かなり充実した事例研究等ができることが予想される。

　一方、γ校ではSCへの抵抗感も強いであろうし、教師間で「相互理解」への期待薄く、「どうせ分かってもらえないから」発言も乏しくなることが予想され、また、生徒の情報も教師に伝わっていないこともあって、寒々とした事例研究となることが予想される。

●2●事例2　学校風土の差から来る生徒の不適応感の違い

「α中のA子ではやっていけない」と訴える女子生徒。α中から転校してきたA子の学校不適応を、α中とβ中の学校風土の違いから考察してみたい。

＜α中学校＞
* 生徒集団：男女の仲がよい
* 教師集団と生徒集団：
　比較的オープン

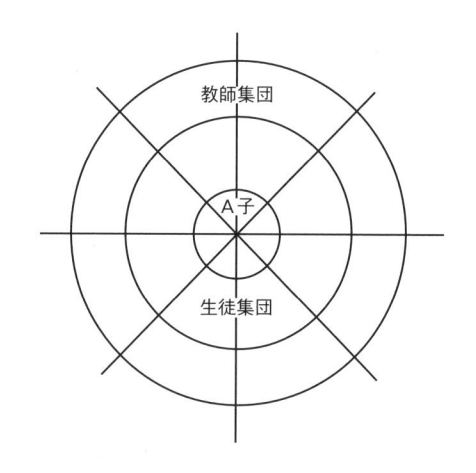

＜β中学校＞
＊生徒集団：男子と女子がくっきり分かれる。
女子が相互侵入的で、同一化圧力が高い
＊教師集団と生徒集団：
壁が厚く、分断的
＊地域：人口流入少ない。閉鎖的。

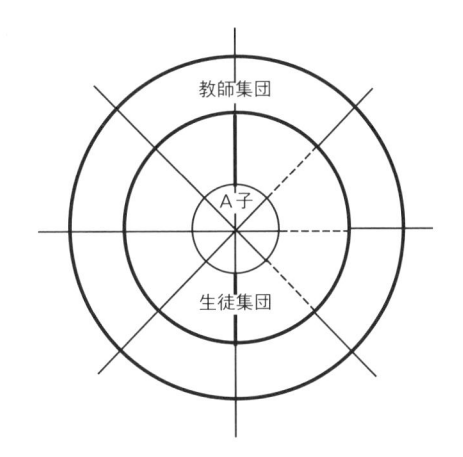

　A子の家庭は、保護的な力が弱く、世代間境界も弱い。
　α中学でA子は、成績的にはとくに振るわないものの、小学校時代は児童会の役員をやったり、中学でも体育祭の応援団で活躍するなどしてきた。A子にとって、学校集団が家庭よりも、より保護的・育成的な器となっていたと考えられる。
　β中に転校して、女生徒との間でトラブルとなる。A子としてみれば、これまで通りの態度でいただけであったが、その態度が、生徒からも、教師からも「生意気」あるいは「非行的」であると受け取られていく。β中の生徒集団の中においては、A子の存在は無意識的に、影の存在として排除される力動が働いたと言えるだろう。さらにA子にとっては、生徒集団から排除されるばかりか、教師集団からの冷たい扱いは、抑圧してきた保護的でない両親像が投影され、一層反抗的な態度へと繋がっていったと考えられる。

＜参考文献＞
・今井　式（1998）：学校教師へのコンサルテーション過程より－コンステレーションの把握と問題解決のための武器の獲得－．心理臨床学研究, **16**(1), 46－57.
・河合隼雄（1992）：心理療法序説．岩波書店.
・竹森元彦（2000）：スクールカウンセリングにおける、生徒、学校、家庭の支え方について．心理臨床学研究, **18**(4), 313－324.

- 永田法子（2001）：スクールカウンセリングと病院臨床の接点－コンサルテーション・リエゾンの視点から．心理臨床学研究，**19**(1)，77－82．
- 西田吉男（1992）：心理臨床大辞典．培風館
- 本間知巳・米山直樹（1999）：小学校におけるスクールカウンセラーの活動過程－学校システムや個人への介入とその問題点．心理臨床学研究，**17**(3)，237－248．
- 前田重治（1994）：続図説 臨床精神分析学．誠信書房．
- 山　篤（1997）：境界例の生徒を学校内で抱えていく試み－その可能性と問題点－．心理臨床学研究，**14**(4)，456－466．

第3回

学校心理臨床の流れと活動内容

前田由紀子

第1章　学校心理臨床の時系列的流れ

「関係性」抜きに心理臨床は成立しない。学校心理臨床はまず、「学校」とスクールカウンセラー（以下SCとする）との関係性からしか始まらない。しかし「学校という有機体」はあまりに巨大であるし、個人臨床を中心に発展してきたという歴史的経緯もあり、SCが「学校」との関係性を捉えることは当初困難を極める。

学校に入ってからのおおよその時系列的な流れと、その時々の留意点を押さえておくことによって、転移・逆転移の渦に巻き込まれず、「学校」との関係性を俯瞰しやすくなると考えられる。

以下の資料はそのための参考の一助となるだろう。

＊＜資料3－1＞愛知県臨床心理士会SCWG作成「はじめてスクールカウンセラーになる人へ」
＊＜資料3－2＞鵜養美昭（1997）「学校臨床心理士の新規参入の留意点」

1）学校に入るまで・入って直後

(1) この時期の活動の目的

ある学校に初めてSCとして赴任が決まり、その学校に勤務するようになった直後における留意点とその時期の活動の目的とについて述べてみよう。

初めてSCとして活動を始める人にとってはもちろん、SCとして他校で勤務経験がある場合でも、学校によってその風土はかなりの差があるので、初めての出会いの際には留意が必要となる。

配置された直後にSCは、「雑事しかしていない」あるいは「何もしていない」「何もさせてもらえない」との感想を抱いてしまう場合が多い。その一見「何も」「雑事」の中にあって、「目的」をしっかり意識していることによって、「雑事」も心理臨床的活動の一環であることを意識し続けているこ

とが可能となる。

●1● ニーズを知る：学校・雇用主体のニーズを知る

まず、確認しておきたいのが、SCの雇用主体はどこか？ ということである。文部科学省と県教育委員会とで行っているスクールカウンセラー配置事業においては、その雇用主体は各都府県及び政令指定都市の教育委員会である。それ以外の事業であれば、雇用の主体はそれぞれで異なっている。しかしどこであれ、SCは雇用されていることに変わりはなく、雇用されている以上、その雇用主体のニーズに基づいて活動しなくてはならない。

ただし、SCという職業はまだ確立されたものではないため、雇用者側に戸惑いや迷いがあり、かつ「雇用者側」は複数で、都道府県教育委員会と市町村教育委員会の間で、かつまたそれらと各学校との間で、さらには学校内の管理職と教職員、教職員間でも、ニーズが微妙に異なることは多い。

県教育委員会・教育事務所・各自治体の教育委員会・各学校それぞれの体質と、相互間の関係は個々によってかなりの相違がある。自治体の教育委員会が雇用の主体となっていない場合でも、学校への影響力が大きい場合もある。着任前に教育委員会と接触する場合もあれば、しない場合もある。

ただ、着任直後に限れば、雇用主体がどこであるか、教育委員会の影響が強いか弱いかに関わらず、まずは配属先の学校長を頂点とする組織の中に入るわけであるので、SCが活動する際に、その学校の管理職の了解が欠かせない。

SC着任直後では「SCとは何か？」という認識のズレから始まり、各教職員・生徒・保護者・地域のもつ潜在的なニーズのバラエティと強度には、かなりの差が存在することが多い。これらをすべて直ちに理解すべきであるということではなく、差が存在することを念頭に置き、十分なニーズのすりあわせを行っていくことから、SC活動が始まる。

「ニーズを知る」ことをまずもっての目的として挙げたが、確立した「ニーズ」が存在していて、それを「知る」ことではなく、意識的・無意識的な「ニーズ」を確認しつつ拾い集めていくことからSC活動は始まる。「主訴」な

くして、心理臨床活動はできない。

また、配属が決まって直後にその学校から最初に接触を求めてくるのは、教頭、あるいは教務主任、保健指導主事または教育相談担当、養護教諭（保健指導主事等を兼ねていることもある）等であるが、その担当者の個人的なニーズ・意図と、学校全体のそれとは異なることも少なからずあることには、留意が必要である。

●2●ラポールの形成

SC導入のコンセンサスの有無・程度に関しても、予想外にばらつきがあることに留意する。着任直後のSCはかなりの「異分子」であることは確かであるので、まずもっては、ラポールの形成が欠かせない。

迎合する必要はないが、カウンセリングの基本はラポールの形成からである。

●3●見立て

学校に入るまでに入手できる情報の収集は、第2回で挙げた＜見立てのための指標＞を参考にして、できる限り行う。一般的なカウンセリングにおいても、契約以前にインテーク面接をし、見立てをした上で、契約に至る。学校心理臨床においては、生徒や保護者面接からしか始まらないとは考えず、「学校」という有機体とインテークを行うというつもりで、「学校」の見立てをした上で、本格的な活動に入っていかなくてはならない。

見立ては最初の時期だけではなく、不断に行い続ける必要があるが、まずもって、事前の情報収集に始まり、「学校」の構成要素である教職員と雑談をする、生徒たちと行事や教室で接触する。これらの活動はラポールづくりでもあり、かつ見立てのための重要な活動となる。

もちろん、配属直後に心理面接を求められることも少なくない。それはそれで受けていく必要があるけれども、「配属直後に面接を求められる」ということは、問題の生徒が多い大変な学校である場合もあれば、SCに「お仕事」を作らなければならないと考えている教職員がいるという場合もあり、そのこと自体がその学校の見立ての重要な鍵となる。配属後何ヶ月も、全く具

体的な仕事がないという状況も決して少なくない。こうした学校側の動きそのものを「見立て」ていくことが、学校心理臨床においては重要となってくる。

●4●資源調査

着任直後にどんな危機介入が必要となるかは予測不可能であるので、利用できそうな機関やスーパーバイザーの確保は欠かせない。同一自治体内で働くSC、あるいは前任者がいるならば、連絡が取り合えるようにしておくと良い。

資料3-3は一般的な利用可能な外部機関である。
＊＜資料3-3＞外部諸機関名、業務、関わる人（鵜養美昭1997より）

●5●契約

学校側として、SCとはどういう存在で、どのように活用していこうかということを明確にもっている場合はまだ多くない。SCとしても、その学校のニーズ・状況が分からない以上、その学校でどのような活動が必要であるのか、それがどれくらい自分自身がこなせるものであるのかは、未知数である。

とくにSC経験がなく、初めて学校にSCとして着任する場合、不得意なこともあるし、やったことがないことも多いこと、少なくとも1年程度は、「勉強」させていただきたいという状況であるということを自己開示し、「ここで私が何ができるのか、まだよく分からない」「すぐに巧くは、おそらくやっていけない」「まずは勉強させていただく」ということを、了解していだだくことが、まずもっての「契約」と言えるかも知れない。

さらにいえば、契約は毎年更新する心づもりが必要だろう。学校は年度毎に教職員の移動、役職の変更があること。さらには、SCの学校理解の深まりと共に何ができるかは、変化していくからである。

(2) 着任するまでに確認しておいた方がよいこと

●1●事前訪問

配置先が決まった時点で、できれば事前に学校を訪問したい旨、学校側に

伝えるためにSCから連絡をとるとよい。

　配置が決まると、提出しなくてはならない書類、健康診断書などが必要な場合がある。期限が迫り、お互い不快な思いをしないためにも、連絡がない場合は、早めに連絡を取っておいたほうがよい。

　4月から入る場合、4月で教職員の転出入があるので、3月までの状況と、4月以降の状況とかなり異なる場合があることもある。3月中の訪問は挨拶程度。4月に入っての訪問は具体的な協議となる。

●2●事前協議

　実際の活動を始めるに当たって、SCをどう使おうと学校側は考えているのか。SCが得意な分野と不得意な分野について等、可能であれば、学校側と話し合いをもち、●3●以下の項目についてできるだけ行き違いのないよう協議する。

　具体的には、カウンセリングの予約は誰から、どのように入れるのか。面接の報告は誰に、どのような形で行うのか（毎回なのか、月毎なのか。その内容等）。授業時間中の面接の可否。「相談室」の放課中の解放の可否。相談室に置く物品についての検討。通信の配布・掲示物。SCにさせたいと考えていることはそれ以外にあるのか（講演会・現職教育など）等である。

　ただし、事前にはこれらが十分にできない場合もあることに留意する。学校側がSCの活用についてよく分からない、校内でコンセンサスがもてていない、SCに対して非常な抵抗感をもっている等、これを妨げる要因が存在する場合も少なくない。SC活用についての協議ができるか、できないか。合意にまで至れるのか否か、どれほど話し合えるのかということ自体が「見立て」となる。

　またさらには、一見協議ができ、コンセンサスが得られたかに見える場合においても、その契約が学校全体のものとなっていないことも多いので注意が必要である。

●3●SC担当者

　いわゆるSCの窓口担当は誰か、SCの勤務時間等の調整は誰と話し合った

らよいのか、誰とどのような話し合いをしつつ、SC活動を行っていったらよいのかを、協議し、確認が取れると良い。学校側が、決めかねている場合もある。

SCとしてまずできることは、「学校経営案」を入手し、「校務分掌」を確認していくことである。校務分掌に書かれてある組織図にそって、着実に教職員が動いている学校もあれば、かなりフレキシブルに動いている学校もある。また、組織的に動くことができていない場合もある。

これらを見立てつつ、SCとして活動をしていくことになるが、しかし基本としては「学校経営案」に書かれてある組織を念頭に置いて、各事項の責任者に当たる教職員には、確実に連絡・確認・許可を得つつ、活動していかなくてはならない。

SCの行動の責任は学校にある。SCが勝手な行動をとることはあってはならない。SCが動くのに不都合が生じると考えられる場合には、学校側にその旨申し出て、協議した上で、変更できることから変更してもらうことしかない。

● 4 ● SCの物理的な居場所の確認と確保

職員室に席がもらえると良い。できれば、SC担当の教職員の近くの席が望ましいが、むしろ、席の決め方も見立ての手がかりではあるので、無理はしない。

駐車場・靴箱・ロッカー等の確認もしておいた方が、無用な行き違いを生まない。

相談室の有無：無くてもやれるところから。無い場合はむしろ、今後どの辺りに、どのような相談室を作ることがこの学校のニーズに、より合致した形となるのかを、学校側と協議して決めていくことができる。

ある場合には、これらに関しても見立てに深く関わる部分である。物理的な条件が悪くとも、ソフトの部分で最大限改良できるよう、工夫していくことが重要である。

●5●生徒・職員への紹介・挨拶の有無

学校に初めて訪問して、直後に教職員へ、生徒へ壇上から、あるいはTV画面で話をしろと言われる場合もある。そこで、ニーズも分かっていない、SC活用のコンセンサスもできていない状態であると、話をすることができない。事前に確認が必要。

(3) 着任直後の実際の活動
●1●自己紹介

教職員・生徒・保護者に対して、SCをどのような形で紹介するか、それへの配慮がなされるかについては学校状況で異なる。「文化が違う」ことを肝に銘じ、観察する余裕をもつことが必要。

教職員及び生徒保護者への紹介が一切されない場合もある。こうした場合には、何らかの形で少なくとも教職員には紹介していただける機会を作る。生徒保護者に対しては、通信等の手段で、PRしていって良いのか、確認をとる必要がある。

●2●行事等への参加

行事（入学式・卒業式・運動会等の行事・給食・集会・教職員との懇親会など）はその学校の風土をかなり端的に表現するので、可能な限り参加できるよう努力すると良いが、これも無理には行わない。参加・見学を断られるときは、それなりの事情がある場合が多い。

ただ、黙っていれば、そのままにされることも多いので、気づいたことについては誰かに表現し、その反応を確かめることが見立てへとも通じる。

●3●各校務分掌への挨拶・接触

生徒指導主事・保健指導主事・教育相談担当教諭・養護教諭・教務・必要に応じて校長。これら、学校の相談活動に関与すると予想される人への着任の挨拶及び、それ以降の挨拶等の接触はこまめに行おう。学校の指揮・監督の下で、仕事をするのだということ（＝共同責任性）を、お互い了解できることが必要。

●4● 個別面接

面接を次々と入れられる、あるいは全く面接は入らないかどちらかということが多い。

そのどちらが良いというものでも、全くない。つまりは「そういう」学校。依頼された面接はとりあえず誠実に行う。その面接の内容ももちろん大切ではあるが、その面接が、誰のニーズで、誰から依頼されたものであるのか、その面接をすることがどのように周りへ影響を及ぼしているかに、注目していることが肝要である。

●5● 学校内外の観察

管理職の了解が取れるなら、校内及び、学区内を歩いてみるとよい。見立ての材料の収集がその目的である。明らかな抵抗が示される場合を除けば、材料はたくさん転がっているので、地図を片手に、歩いてみよう。抵抗の有無とその強度も「見立て」のための大切な材料である。

●6● 職員室等で接触できる教職員と話してみる

「雑談」から見立てのための手がかりが得られることは、とても多い。SC着任直後は、職員室での「雑談」に、むしろ最も気を遣う必要があるかも知れない。「雑談」は、構造化されていないインテーク、コーディネート、相互コンサルテーションの場となりうることを、意識する必要がある。SCが学校を見立てている時期でもあるが、一方、教職員を中心とする学校全体も、SCを見立てていると言える。お互い接触もなければ、ラポールもつかない。

着任当初における職員室は、学校心理臨床の中心的な場であると考えておいた方がいいのかも知れない。

2）最初の1年

(1) この時期の心がけ

●1● 「すぐには乗らない」、「むげには断らない」

どんなリクエストも、依頼してくる（またはしてこない）意図を探ることを主

眼とする。

　カウンセリングの依頼も、誰の、どのようなニーズで、この面接がアレンジされたのか？　－SCに仕事を与えなくてはならないという担当者の個人的な使命感。あるいは管理職からの指示で、クライエントを作り出してくる場合もあれば、「ま、とりあえず、お手並み拝見」という場合、「カウンセリング」に個人的に好奇心をもっている場合etc……。

　クライエントとされた人に対しては、どのように感じて、ここに来談したかの確認がまず大切。「スクールカウンセラー」は「スクール」を背負わされている。SC自身がいくら学校から心理的距離を感じていても、初めて来談した保護者・児童生徒の目には「学校側の人」としか映らないことにも、留意する必要がある。

　できるなら、個別のカウンセリングから少しずつ始められるとやりやすいことが多いが、教職員への研修・保護者向けの講演など、不得意だと感じられる場合であっても、原則は断らない。不得意であっても「むげには断らず」、不得手であることを教職員に対して断り、かつその意図をできればしっかり聞き取った上で、受ける。得意分野であっても、「すぐには乗らず」、相手の意向を確認し、こちらの思いも伝えた上で、受ける。

　基本的に「文化が違う＝言葉が違う」ことを忘れずに。教職員のニーズをしっかり聞き取ることが大切となる。着任当初はお互いに「こんなはずではない！」という思いを抱くことは多い。

● 2 ● **気負わない・無理をしない**

　依頼されたことは何でもこなすことが必要だが、不得意なもの、不安を感じること等については、あらかじめ、依頼者に伝えておく。お互いに「こんなはずではなかった」ということにならないように。

　繰り返すが、「文化＝言葉が違う」。専門用語はできる限り使わずに、平易な言葉で語る癖を。教職員は教えることには慣れているが、教えられることには抵抗感があることが多い。まして、多勢に無勢であるので、入ったSCは存在感を脅かされるような心もちに陥ってしまって、学校側に対抗し、気

負って、闘ってしまうことにならないよう、いかにしぶとく、生き残れるか、異文化交流していく道を模索していくしかない。

<参考>
＊黒沢幸子（2000）「スクールカウンセリング活動の五本柱」
・学校現場に「サービス」と「コミュニティ」の視点をもち込む。「サービス」とは「問題」に対してなされるものではなく、「ニーズ」に対してなされるもの。「リアクティブなもの（事後対応）ばかりではなく、プロアクティブなもの（事前対応）も大切」である。
・「楽しんでやること」「発想を未来に向けること」
＊神田橋條治（1990）「精神療法面接のコツ－第2章　精神療法における一般的心得」
・自助能力を「妨げない」「引き出す」
・「患者の人生への影響が最小限になるよう治療を工夫する」
・「初め『浅く』『狭く』『短く』『軽く』を心掛ける」……。

(2) 最初の1年の活動の目的

　配置直前直後の活動の目的については既に述べたが、ここでは、入って最初の1年間の活動の主な活動とその目的についてみていきたい。

●1●学校の流れを味わう

　1年目は、「学校の流れ」を味わいながら、見立てを始めていく。まずは、「1年という流れを体感する」ことを目的とする。学校においては、入学式・始業式で始まり、1学期→夏休み→2学期→冬休み→3学期→卒業式→春休み→という1年間の流れを、とりあえず1年体験してみることで、見えてくるものも多い。次年度では、前年度と同じか、違うか、各学年の一般的特徴であるのか、ある年度の学年に固有の特徴であるのか等、理解することが次第に可能となる。

●2●「相談構造」の見立て

　個別のカウンセリング・個別の事例と、学校全体との関係を常に見ていることを忘れてはならない。この事例は誰の意図が働き、誰からどのように言

われて、SCの前に現れたのか。IP（Identified Patient）、または保護者はどのように感じ取り、そして来談する（あるいは、しない）ことを決めたのか。IPの問題を「問題」だと感じているのは誰か？　－担任か相談担当者か、学年主任か、それ以外なのか。そしてIPがどうなることを望んでいるのか。それはIPの向かいたい方向と一致しているのかいないのか。SCとしては、IP（または保護者）の相談のみをしていればよいのか、そのことの全体に及ぼす影響は？　他に援助が必要な部分（教師・家族・友人等）はあるのかどうか？

　また、個別面接の依頼がない場合、SCは問題と感じるのに、あがってこないのはなぜか。SCの所に来ないだけなのか、どこかで教職員間で話し合いはもてているのか、いないのか。

　詳しくは「相談構造」の章で述べられるが、問題となる生徒が多い学校と少ない学校、その「問題」の種類によって、SCが何をどれほどやることができるのかが規定されてくる。例えば、何十人もの不登校生徒を抱えている学校では、その全員とSCが会い、SCのみの支えでそのすべての問題を解決することなど、物理的にも不可能である。また、それは望ましい姿ではない。

　SC以外の誰が、どのように生徒とその保護者を支え、担任を支えているのか。そこにSCがどのように関わっていくことが、この学校にとってより援助的であるのかを、少しずつ探っていこうとする方向性が重要となる。

　学校がその子どもを援助するにあたって、より組織的・機能的に動いていけるために、SCがどう動いていったらよいのか。それをSCのみで考えていても、そうはなっていきにくい。学校側で、誰がそうした視点をもってくれるか（教職員の中にケースマネジメントできる力が育つこと）についても、見立てていくことが必要である。

●3●コーディネート

　コーディネートについて、詳しくは後に述べるので、ここでは簡単に触れておく。

　SCが具体的に何らかの仲介・取りもちをするということではなく、「問題」の中に、人間関係上で何らかの誤解や引っかかりがある－もしかしたら、何

かの行き違いがあるのかも？　という気づきのきっかけを作っていくこと（ドゥ・シエイザー，S，1994の言う「ストレンジ・ループ・マップ」「オッカムのかみそり」参照）。

　具体的には、ある不登校のIPについて、その不登校の理由としてではなく、学校に来ていないことの積極的な意味についてSCが担任に対して、ふと言葉を投げかけたことをきっかけに、担任がより気楽にIPに会いに行くようになり、担任とIPとの関係が変化した等の事例におけるSCの行為が「コーディネート」のひとつである。

　あるIPについて、SCが本人と会う、保護者と会う、担任と会う、部活顧問と会うという作業をしていただけで、それぞれが抱いていたIPのイメージが微妙に変化し始め、それに連れて、硬直化していた状況が変化していく。

　こうした体験は学校心理臨床においては特別稀なことではない。SC活動において「コンサルテーション」の重要性をいわれることも多いが、1年目から、とくに新人の場合、「コンサルテーション」しようと、あまり肩に力を入れない方がよいかもしれない。

　「コーディネート」といっても、1年目の段階であまり意図的にケースワーク的に活動するというよりは、誰に何を繋いだら、どうなるか？　が少しずつ分かっていくと良い。

　こうした場合、守秘義務をどのように考えるかに、十分留意する。教職員に対して全く話さないでいてはチームを組めないが、秘密をどういう形で守ろうとしてくれる人かの見立ても行いつつ、「繋いでいく」ことが求められる。

(3) 最初の1年の実際の活動
●1●行事への参加

　大小様々な行事には、可能な限り参加した方がよいことの方が多い（例：懇親会・運動会・文化祭・卒業式・入学式…）。目的はラポールと見立て。

●2●校内の会議・委員会等への参加

目的は、この学校における「相談構造」の見立てのため。

職員会・生徒指導部会・保健指導部会・教育相談部会・学年会など、SCが関わる対象と予想される子どもについて話し合われている会議にはどのようなものがあり、そこで話し合われている内容・メンバーなどをまず把握する。その中で、SCが参加した方がよいと考えられるものはどれか、それへの参加の可能性を探る。SCが参加の必要性と意義を感じていても、教職員側がそうは考えない場合もあるので、注意が必要。SCの「専門性」が共通理解となっていくと良い。

ただ、そうした会に全く参加することを認めてもらえない場合もあるし、時間割上、物理的に不可能な場合も多いことはやむをえないが、少なくとも、SCの仕事のひとつとして、そうした会への参加も意義があることを、徐々に学校側にも理解していただく必要はある。

●3●カウンセリング

SCからあまりあわてて面接をしたがらない方がよい。徐々に保護者面接から入ってくるくらいが最も安心してやれる。しかし、突然一方的に、生徒あるいは保護者への面接を次々とアレンジされることもある。

カウンセリングを依頼されたら、誰がこのIPをここに連れてきたか、じっくり見て取る必要がある。また、この面接によって起きる波紋を丁寧に見ていく

　ア）依頼者は誰か。その意図は？
　イ）担任：SCとの面接を了解済みか、どう感じているのか。面接の様子をどう伝えるか。
　ウ）学年主任：了解は？　何を伝えるか？
　エ）養護教諭：IPとの関与の有無。IPに関する情報をもっている場合もある。その意向。
　オ）生徒への面接の場合、面接に来たことが周りの生徒からどう見えているのか。

●4● コーディネート：IPの関係者と会う

　面接に来たIPだけではなく、何らかの話題に上り、SCとしての関与の必要性を感じた場合、そのIPの関係者に積極的に接触をもつことも大切。その目的は、コンサルテーションではなく、見立てとコーディネート。

　黒沢（2002）も「リソース」という視点の重要性を主張している。IPをとりまく子ども集団・教職員集団・家庭・地域における絡み合いを体感し、見立てていく。社会的資源として、これら関係者を捉え、担任を初めとする教職員、保護者、IPをとりまく子どもたち、その他地域にある人材・機関と共に「IPの未来」について考えていける体勢づくりができることは、学校心理臨床の醍醐味でもある。

　もちろんこうした活動をする際に守秘義務には十分に留意する必要はある。

●5● スーパービジョンの必要性

　学校という、個別臨床からすると飛躍的に変数の多い状況を見立てる際には、スーパービジョン、それも、SCとして学校現場に入った体験のある人からのスーパービジョンが、欠かせない。

　「場からの転移・逆転移」については、先にも述べたが、SCが学校を見立てる以前に、学校からSCに対して様々な投影が投げかけられる。SC自身「学校」という有機体に対し、逆転移感情を抱くことも多い。例えば夢を見たり、身体症状が出る等、学校という有機体が強大であるだけに、その転移の影響も大きいことには注意が必要である。

　このためにも、スーパービジョンは欠かせない。

3）2年目以降

　2年目以降、次第に本格的な「学校心理臨床活動」が可能になっていく。

　少しずつ「この」学校で、「この」生徒と会う意味が了解できるようになっていく。

　さらには、SCひとりではなく、誰と共に支えていくか？　いけるか？　も

考えていけるようになれていったらいい。その学校に必要な「相談構造」の模索（校内・校外ネットワークづくりをめざして）が始まる。

学校を見立て続けるという作業が続いていく。

＜参考文献＞
・神田橋條治（1990）：精神療法面接のコツ．岩崎学術出版社．
・黒沢幸子（2000）：スクールカウンセリング活動の五本柱．－学校現場に「サービス」と「コミュニティ」の視点をもち込み、「未来」を創る－．現代のエスプリ別冊　臨床心理士によるスクールカウンセラー実際と展望．至文堂．
・黒沢幸子（2002）：指導援助に役立つスクールカウンセリング・ワークブック．金子書房．
・ドゥ・シエイザー，S.（1994）：小野直広訳：短期療法　解決の鍵．誠信書房．

第2章　学校心理臨床の活動内容

1）活動概要

(1) SCの活動の実際ーその内容と対象ー

SCの活動は、大きく分けて（1）カウンセリング（2）コンサルテーション（3）コーディネート（4）心理教育的活動（5）危機介入の5つにまとめられる。

これら5つの活動は、「学校」とのラポートを図りながら、「学校」を見立てつつ、さらにはその中に生起している個別事例への見立てを深めながら、行っていくことになる。活動の詳しい内容について本章で解説するが、活動の対象と、具体的な活動内容について表にまとめたものが＜資料3－4＞である。

(2) SCの活動の時系列的流れ

鵜養は、SCとして配置されてからの時系列的流れとその際の留意点を＜資料3-2＞のようにまとめている (資料3-2参照)。

ここで「用語」を用いて、活動内容の時系列的変化を表してみると以下のようになる

ⅰ)「カウンセリング」をしながら、IPの心の内外・関係性を「見立て」ていく（＝ケースフォミュレーション）。

ⅱ)「コラボレーション」を意識しながら、まずはSC個人でできる部分を行っていく。

ⅲ)「コーディネート」は積極的に行う。

ⅳ) 次第に「コンサルテーション」の依頼が、教職員より入るようになる。

ⅴ) 教職員の中で「ケースマネジメント」している人の在・不在を見ていき、いる場合にはよいが、いない場合はSCが一時的にその役割を担う必要がある。

ⅵ)「ケースフォミュレーション」に基づき、「コーディネート」していく中で、学校内外の「ネットワーク」が構築され、それらが自発的に動き出すようになる。

ⅶ) その間には「心理教育的活動」をすることを依頼される、あるいは、積極的にしていく場合もある。

ⅷ) また、危機状況と出会えば、それへの「危機介入」をすることもSCの重要な活動。

ⅸ) これらを通して、プロセス的見立てが深まり、ネットワーキングもできていき、ケースマネージできる体制が整っていく（「相談構造」の構築）ことで、「コラボレーション」の感覚がネットワーク内で共有化されるようになっていく（「子どもを育む器」の構築）。

ⅸ) の段階について、鵜養ら (1997) は「システム・チェンジ・エイジェントとしての臨床心理士」と呼び、「ひとつのコミュニティに新規参入する存在があると、コミュニティのシステム自体が変化を被ることになる。このシ

ステム・チェンジを引き起こす契機となる存在をシステム・チェンジ・エイジェントと呼ぶ」と述べている。

　黒沢（2002）は「システム構築」もSCの仕事のひとつであり、「援助提供システム（体制）の構築。学内体制のみならず、外部機関との連携システムの構築も含まれる」と述べている。

　SC＝「システム・チェンジ・エイジェント」「システム構築をする人」と言ってしまうと、操作的に聞こえてしまいやすいので注意が必要であるが、SCという異物が学校に参入することによって、学校自体が変化せざるを得なくなる。もしくは、学校自体が意識的あるいは無意識的に変化を求めており、その起爆剤としてSCの導入を求めてきたとも考えられる。集団力動が変化する際のその力の大きさについては、むしろ教職員の方が感覚的に知っておられることと思う。

　学校の相談構造、つまり学校内に存在する何らかの問題を早期に把握し、それをチームで解決していく方策を考え、さらに実行していく、その学校にあった固有のシステムを、教職員と共に構築していくことは、SCとしての仕事の主要な目的である。

2）カウンセリング

（1）学校心理臨床におけるカウンセリングの特徴
●1●対象

　学校心理臨床におけるカウンセリングの対象は、児童生徒・保護者であり、教師は基本的には含まない。教職員との面談は、あくまで専門家対専門家としての「コンサルテーション」と位置づけられる。教職員に対して、カウンセリング及び精神科の受診が必要と考えられる場合の面談は、その必要性を伝えるための危機介入的なガイダンスと位置づける。

●2●4つのキーワード：「直接性」「多変量性」「関係性」「全体性」から

　カウンセリングは、心理臨床家であるSCにとって基本、かつ重要な活動で

ある。しかしスクールカウンセリングは、これのみに留まらないのだということを、SC自身が認識し、かつ、そのことを教職員にも伝えていく努力が必要である。「カウンセラー＝カウンセリングのみで問題を抱える子どもを"治す"人」という思いこみと幻想をどう取り除いていけるかが、SC導入初期における課題だと言ってもよいだろう。

　また、カウンセリングをする場合もその学校の現在及び将来の「相談構造」を意識し、SCひとりでやるのではないことに常に留意しながら行う必要がある。学校心理臨床においては、面接のみをしていればよいのではなく、常にコンサルテーション・コーディネートを念頭に置き、プロセス的見立てを行いつつ、面接を行っていることが要求される。

●3● 「生活現場で行われる」ということ―「場からの転移」への配慮―

　学校外にある相談機関であれば、有料・無料を問わず、相談に出向くという行為は非日常的な行為であり、来談する本人に何らかの意志が働かない限りは来談することはなく、まして、継続的な通所に至るためには、その目的に関して両者の合意が必要となる。

　しかし学校におけるカウンセリングでは、来談動機がかなり低くても、カウンセリング場面に登場してしまうことも少なくない。

　学校は児童生徒にとっては日常そのものであり、保護者にとっては日常でありかつ、かつての自身の体験も含め、これまでの学校体験の集積をそれぞれに投影したものとなっている。クライエントである児童・生徒、保護者とSCは、日常生活場面の中で出会う場合も少なくなく、廊下や教室での「チャンス面接」や家庭訪問など多様な面接構造も可能となる分、転移には十分な注意が必要となる。

　学校場面では個人的な転移に留まらず、「場からの転移・逆転移」にも十分に留意し続ける必要がある。例えば、児童・生徒・保護者から教職員への不満が述べられる場合、SC自身がその教職員へ否定的な感情をもっていたりする場合など、一瞬の頷きや微笑を漏らしてしまうおそれは決して少なくない。

(2) 初回面接

日常生活場面である学校の中での面接であるため、場所・時間・目的を限った「カウンセリング」というものを理解してもらうことは当初難しい。カウンセラーとクライエントが面接場面以外でも会う可能性は高い。相談室のドア1枚開ければ、そこは生活現場である。それだけに、初回が重要であると感じている。

学校場面で児童生徒・保護者と最初に会う際、十分に留意したいのが、クライエントのその時点での「思い」である。一般にカウンセリングにおける「主訴」の重要性が言われているが、学校臨床の場合、クライエントの中で「主訴」になりきっていない段階で会うことが多いため、「誰から、どのように言われて、それをどのような気もちで受けとめて、どのような思いでここに座るに至ったか。今、感じていることは何か」を丁寧に聞き取ることから、筆者は面接を始めている。その目的は、①インフォームドコンセント②来談意欲・目的の明確化③学校の相談構造の見立て④ケースフォミュレーションである。

●1●目的その1：インフォームドコンセント

単にお互いの居心地悪さを明確化することによって、解消するという「ラポール」という意味合いも含むが、「日常」の延長である学校の一室での出会いを、「カウンセリング関係」として意味づけ直してもらうこと。カウンセラー及びカウンセリングというものを体感し、了解してもらうことを意図している。

カウンセリングというものへの抵抗感はあっても、学校内であるという敷居の低さから来談してしまう場合等もあり、また、周りから見られる可能性も高いことも抵抗感を強めることもある。「学校」内及び、クライエントの中に、「カウンセリング」「SC」というものに対し、どういう意識が存在しているかにも配慮が必要である。

●2●目的その2：来談意欲・目的の明確化

これは一般外来相談におけるインテークの際に「主訴」を聴くことと同様

の意図である。学校心理臨床場面においては、「外来へ相談に出かける」という非日常性に欠けるため、「主訴」が不明確である場合が多い。「今お困りのことは？」と問われても、クライエントとしては全く何も困っていないという場合も、決して少なくない。保護者、あるいは教師のみが困っている・心配しているだけで、子どもは授業をさぼっても良いと言われたから来た、ということもある。「とんでもない、どうしようもない親」だから、「カウンセラーに叱ってもらおう」という教師の意図で送り込まれる保護者もいる。

しかし、カウンセラーの元へ送り込んだ人の意図とは異なっても、それでもカウンセラーの前に登場してくれた相手から、丁寧にその思いを聞き取っていく中で、クライエントとしての「主訴」が立ち現れてくることもまた、少なくない。

自分自身の問題として抱えられない。しかし、そうしていくことが必要な子どもは多い。そんな場合、あまり性急に「問題」に触れていくのではなく、今、現在のその子どもの感じているものにつきあっていく。そのためにはほとんどプレイセラピー的な手法を用いて、本人が好む遊び・作業的な活動からつきあっていくことがよい場合も少なくない。

● 3 ● 目的その3：学校の相談構造の見立て

クライエントがカウンセラーの前に座るまでの間に、何が起きていたのかを聴き取っていく中で、学校の中にある何らかの問題を、誰がどのように感じ取り、どう動くのかということを把握し、それを集積していくことで、その学校の相談構造を感じ取っていくことができる。

● 4 ● 目的その4：ケースフォミュレーション

クライエントの意図を確認し、学校の相談構造を見ていく中で、リソースとなりそうな教職員、友人関係、家族関係を読み取っていくことが可能となる。

この初回面接に至るまでに、可能であれば相談担当の教師、担任等来談予定者に関係する教職員と会い、それぞれの思いと意図を事前に確認することによって、この初回のプロセスをよりスムーズに、効率よくすることが可能

となるばかりか、時にはSCが面接をしなくてすむ場合も少なくない。

(3) 保護者に対するカウンセリング
●1●その効用ー「繋ぐ」「開く」ー

　配属直後、SCにとって最もやりやすく、かつ教職員にその成果を認めてもらえるのが保護者面接である場合が多い。

　SCが導入された当初、その効用として最も言われたことが「繋ぐ」と「開く」であった。これを比較的容易に体現するのが、この保護者面接である。

　保護者側は、教職員に対等な意識で苦情を述べたり、自分自身の思いを素直に表現しない場合が多い。ことに保護者自身が学校時代何らかの問題行動を起こした過去をもっている場合などその投影から、怒りとなる、あるいは自罰的になってしまうこともある。一方、教職員は「指導せねば」という思い入れが強く、保護者に対して、一方的な指導助言をしてしまう場合が少なくない。

　こうした際に、教職員とは一線を画したSCであれば、保護者の思いを聴き取ることが、かなり容易に行うことができる。保護者面接によって得られた情報を、学校で得られた情報に加えて、ケースフォミュレーションを行い、そのエッセンスを教職員に伝える（＝コーディネート）ことによって、事例が展開していくことはしばしば体験される。これが、学校と保護者を「繋ぐ」ということである。

　さらには、保護者面接によってその家庭が福祉サービスを得る必要があることが判明してくるような場合もある。学校だけで抱えてきていることが多いが、SCがそうしたサービスを提供してくれる自治体の福祉課であるとか、保健所等を紹介する場合も出てくるだろう。これがひとつの「開く」である。

●2●留意点

　保護者自身の問題をどこまで扱うかということに関しては、これは子どもの問題を主訴とする「保護者面接」に一般的な課題である。

　黒沢（2002）も宮田（2002）も、保護者をエンパワメントすることを目的に、

保護者との面接は「コンサルテーション」であると定義している。こうした考え方をとることによって、①共に考え合う＝相互コンサルテーション関係が生まれ、②保護者自身を「問題のある人＝指導される人」として扱わないことでよりよい連携関係を構築しやすくなることは確かである。

生活と近い場面での面接であるだけに、簡単に「子どもの問題だけ」で限定することが困難な場合も多いが、基本的には子どもの問題を中心とすることになるので、保護者自身の問題に関しては他機関へのリファーを考えた方がよい。

（4）児童・生徒に対するカウンセリング

SCとしての配置が間もないときに注意が必要な点は、担任の児童生徒に対する思いを阻害しないということである。学校外の相談室でのカウンセリング以上に、担任から見て、「子どもをとられた」あるいは「お任せした」という感覚に陥る危険性が高い。「コラボレーション」という感覚が、新規配置直後はもちにくいので、当初は児童生徒へのカウンセリングをSCからあまり積極的にやりたがらない方が無難な場合が多い。

●1●留意点1：時間の設定

授業時間中の面接の是非の判断は、とくにSC配属直後においては、学校によってかなりの差がある。不登校、あるいは教室外登校の児童生徒に対する面接は容認される場合が多いが、それ以外の児童生徒に関しては、学校側の抵抗が強い場合が多い。また、児童生徒側も、授業を休んでまで面接を受けることの抵抗感が強い場合も多い。

授業時間中の面接への抵抗感の多寡は、学校を見立てる指標のうちでも重要なポイントのひとつである。あまりにその抵抗感が少ない場合は、近い過去にカウンセリングに熱心な教職員がいた場合とか、そうでなければ、既に学校がせっぱ詰まった状況にある、あるいは規範が緩すぎて危険な兆候である場合も考えられる。

児童生徒へのカウンセリングで最も難しいことのひとつが、面接時間の設

定である。学校において児童生徒は自分の時間を自分で自由にできない。部活・委員会活動、授業時間または時間割の変更等によって、面接の予約が取り消されることは珍しくない。学校側にSC及びカウンセリングというものへの信頼感が強まるに従って、安定的に面接をもつことが可能となるが、配置当初は、「面接構造」というものを理解していただくことは難しい。数年間の「文化交流」という実績が必要となるだろう。

●2●留意点2：期間の限定

「学校臨床」である以上、在学中のみに限っての面接となる。期間を意識して、そのカウンセリングの内容を考えていく必要がある。

卒業後について、必要があれば、他機関への紹介・連携、地域資源の活用等を考えなくてはならない。

●3●留意点3：契約

IPに対して「カウンセリング」が必要であるとSCとして判断した場合には、日常的に児童生徒と接触する場合（相談室に「遊びに来た」、相談室以外での接触等の場合）とは、しっかり区別し、IPへのインフォームドコンセントを行う必要がある。

●4●留意点4：保護者の同意

校内で会う場合、保護者の同意なしで会えてしまうが、知能検査等心理査定の扱い、話した内容の守秘義務に関して等、保護者から苦情・訴追があった際、判断が微妙となる可能性をはらんでいる。

むしろ、被虐待の問題に関して言えば、法的に守られているので問題がないが、それ以外の場合、判断のよりどころとなる法律もない。必ずしも、保護者の同意を取り付けない限りカウンセリングはできないと決めつけることもないが、児童生徒と会う場合には、十分な留意が必要となる。

●5●留意点5：守秘義務

保護者・教職員への秘密の厳守が基本的には面接の前提であるが、リストカット等の自殺企図や被虐待など、IPの生命・人権を脅かす可能性が発覚した際には、この限りではない。SCは非常勤であり、危機介入しにくい立場で

あるため、少なくとも常勤の教職員（担任、養護教諭等）と連携をとり、事態をできる限り複数で見守る体制を作る必要がある。できればIPの同意を取り付け、日常的にSC以外の教職員、または保護者に相談できる体制を作る。どうしてもIPの同意がとれず、かつその緊急性に余裕があると考えられる場合には、IPの同意なしで、何らかの見守る体制がとれる教職員に、集団守秘義務という形で伝えておく必要がある。

● 6 ● 相談室以外での面接

　教室・廊下・運動場等における「チャンス面接」、家庭訪問しての面接など、来談室型の相談においては考えられない形態の面接も、学校心理臨床においては可能であり、かつ要求される場合がある。

　スクールカウンセリングないし学校教育相談では、密室での個人カウンセリングの視点のみにとらわれないアプローチが必要であることが指摘されている（近藤、1987；田嶌、1995a；大野、1997）。授業をさぼっている、喫煙をしている生徒を見つけたとき、保健室に行ったときに気になる顔つきをして座っている生徒など、看過せず、タイミングを外さずに面接することが肝要である。

　家庭訪問は、学校側とのコラボレーションが可能となっていない段階で行うことは学校側との関係を損なう可能性もはらむので、十分な注意が必要である。しかし、家庭の協力が得られない、または家庭として限界であるとき、さらには学校側も十分に動ける体制にない、または、動いてはいるが無力感が強くなっているときなど、子どもの福祉を考えた際にSCが動けるのであれば、敢えて動かずにいる理由はない。

　また、SCとの面接であると学校内で行うしかないために、不登校の子どもであると「学校」へ来ることができないために、面接できないことも多い。近隣の公民館等公的施設を借りるのもひとつの方法であるし、そのために家庭で面接を行うことも選択肢のひとつと考えて良い。

　イレギュラーな形の面接になればなるほど、面接構造としての守りは薄くなる。SCには、自己一致していること、転移逆転移への十分な配慮などカウ

ンセラーとしての十二分な自己管理が要求されることは言うに及ばない。

3）コンサルテーション

(1) そのプロセス（鵜養啓子、2002）
鵜養によれば、コンサルテーションは以下のプロセスをたどる。
　ⅰ）依頼：依頼なしの「押しつけコンサルテーション」を行ってしまいがちであるので注意
　ⅱ）準備
　ⅲ）出会い
　ⅳ）関係づくり
　ⅴ）課題の明確化
　ⅵ）イメージ合わせ
　ⅶ）具体的手だての検討
　ⅷ）障害に対する対処策検討
　ⅸ）終結

ここではあるひとつのコンサルテーションのみを想定しているので、こうしたプロセスになるが、学校に入って活動を継続していく際には、その経過と共に次第にⅱ)～ⅳ)のプロセスが省かれていくことになる。

(2) コンサルテーションの種類
●1●クライエント中心の事例コンサルテーション
「クライエントに対する心理査定と見通しを立て、コンサルティがクライエントの状態の改善を促進できるようにする」こと。

SCが臨床心理面接等により、IPの児童生徒に関する見立てをし、それを担任個人、あるいはその児童生徒に関わる教職員に対して、その見立てを伝えることにより、変化を促す。

「異文化」をもち込んだSCが、その立場から発言することだけでも、教職

員のそれまでの事例への見方が変化し、状況が変化することも多い。

＜事例１＞

不登校の生徒をそれまで担任した経験のない担任のクラスで、次第に登校しなくなってきた生徒。担任が訪問すれば、会うこともできるし、学校のこと以外なら、楽しそうに話をする。担任は家庭訪問は苦痛ではないが、その意味が分からないということを、SCに対して訴えてきた。

SCは、楽しく担任と話ができていることはとても良いこと。それだけ話ができるなら、IPが今どんなことに興味をもっているのか？　本人の好きなことを話題にしていくことで、外出の手がかりが得られたり、何らかの変化の手がかりが得られる場合も多いことを伝える

その後、家庭訪問の中で、生徒が興味をもっていたバイクの話題で担任と盛り上がるようになり、担任との外出→時間外登校へつながった。

この事例の場合は、SCは直接IP及びその家族と会っていないが、そのどちらか、または両方に会った上で、コンサルテーションをする場合もある。

●2● コンサルティ中心の事例コンサルテーション

「コンサルタントが事例に接する上での困難に直面したコンサルティを援助する」こと。

教職員がIPと対応する際の困難さについて、教職員を援助する。教職員への個人的なカウンセリングではなく、そのIPと接する際の困難さを支えることに限られる。

教職員の専門性や良きプライドを損ねることなく、行き詰まってしまっている問題に関して、発見的に新たな解決策を模索するための援助とならなくてはならない。

従来このために「事例研究法」が用いられてきたが、心理臨床家のための事例研究法をそのまま学校にもち込んでもなかなかうまくいかない。普遍性を個々の事例の中に求め今後に生かすという「事例の研究」になかなかならず、具体的個別性の強い、限定的な「事例の処遇の検討」になってしまいがちである。参加者である教職員全員がそれぞれ自分自身の問題に絡めて考え

るということが難しい。

そこで、学校現場にあった「事例コンサルテーション」の具体的方策を模索していく必要がある。そのための方策ひとつが、本書（第6回）でも取り上げるホロニカル・スタディ法（HS）である。

鵜養（2000）も「SCP方式による事例検討会」を提唱している。コンサルテーションとしての事例研究のもち方については、より研究を深める必要を感じている。

●3●対策中心の管理的コンサルテーション

「複数のクライエントのためのプログラムを効果的に計画・実行することを援助する」こと。

着任当初、まして新人ではなかなか難しいコンサルテーション。学校に入る形ではなく、外部にいて、依頼される場合には多い形。

例えば、教室外登校をしている複数の生徒達への対応について、SCの意見を求められる場合。また、危機介入もこのタイプのコンサルテーションに含まれる。

●4●コンサルティ中心の管理的コンサルテーション

「効果的なプログラムの実施の支障になっているコンサルティ組織の問題を明確にし、援助組織の機能を改善することを目指す」こと。

管理職からの学校組織に関するコンサルテーションの依頼等がこれに含まれる。

その学校に合った相談システムづくりを志向していくこと＝「システム・チェンジ・エイジェント」としての機能は長期的「管理コンサルテーション」の範疇と言える。

(3) 相互コンサルテーション

学校内部にSCが入る場合の固有の関係。SCが教師に対してコンサルテーションをするに留まらず、教師がコンサルタントで、SCがコンサルティとなる場合も校内にSCが入っている場合には起こりうる。

SCがコンサルティになる可能性もあるという姿勢でSCがあることで、教師の専門性を無用に揺るがせることなく、コンサルテーションしていくことができる。

4）コーディネート

（1）コーディネートの目的
　コーディネートの目的は、「適切な自我形成のための器作り」である。第1回でも述べられたように、児童生徒自身が問題解決の主体となっていくための適切な器となることが周りの大人たちに求められているからである。良きコーディネートがなされていく中で、ネットワーキングされていき、安定し信頼できる教育相談システムが構築され、その中で教職員・保護者・SCらがコラボレートしていけるようになっていくことを目的としている。

（2）校内ネットワーキングのためのコーディネート
　学校の中では、SCひとりで事例を抱えることはあり得ない。IPである児童生徒は、その学校に在籍している以上、教職員との関係を必ずもたざるをえない。故に、それらの教職員との関係を考慮せずに、教職員と同一組織に属しているSCが、そのIPに事例として関わることは不可能となる。
　SC活用調査研究事業が始まった当初に、SCの役割として最も良く言われたことは、①繋ぐことと、②開くこと、であった。「繋ぐ」とは、SCが児童生徒・保護者・教職員・外部の機関相互を「繋ぐ」ことであり、「開く」とは一部のみで「問題」とされ、一部のみで解決への努力がなされていたものが、「開かれる」ことである。
　事例と最初に出会った場合、最初から見立てに基づくコーディネートができることは少ない。むしろどこかで、誰かが最初に「問題」と感じ、それをSCが知る立場になった場合、見立てのために情報を集め始める。情報を集めるためにSCが動くこと自体が、情報の交流の始まりとなる。情報を集め、見

立てをしつつ、得ている情報の内の何を、誰に、繋いでいくことが、IPにとって、より援助的であるのかを見ていく中で、結果としてコーディネートしていくことになるという場合が少なくない。

コーディネートする主体がSCである場合もあるし、教職員である場合もある。その教職員も校務分掌上の仕事として、意識的にコーディネートする場合もあれば、ボランタリーな、むしろ無意識的なコーディネートの場合もありうる。

ここで注意しておかなくてはならないのが、「コーディネート」はSC側から積極的に行うことができるのに対し、「コンサルテーション」は相手側からのニーズなしに行うことはできないという点である。「この先生に、このことは知っておいてほしい」「伝えておいた方がより援助的だろう」等と予想された際に、それを行うのが「コーディネート」である。

「このこと」の内容は、もちろん面接において話された具体的な内容ではなく、面接から得られた見立ての全容またはその一部、全体または一部の印象、または参考となると考えられる本であるとか、利用できそうな外部の機関の情報等である。

「コーディネート」を積み重ねていく経過の中で、その事例にとって必要なネットワークが形成されていくことになる。

また、各事例毎にコーディネートされ、ネットワーキングされていくという実践の積み重ねの中で、積極的にケースマネジメントできる力が、学校の組織の中に育っていくことが望まれる。

(3) 守秘義務に関して

このように「コーディネート」し、「ネットワーキング」していく上で、守秘義務はどのように考えればよいだろうか。

教職員も、公務員として守秘義務を負っているが、心理臨床面接で知り得た具体的内容を直ちに、すべて、教職員に開示することは、その相談関係上問題があることは言うまでもない。

しかし原則、学校心理臨床活動においては、そのネットワーク内で守秘義務を負う（集団守秘義務）と考えた方がよいだろう。ただし、心理臨床家が考える守秘の意味と、教職員が考えるそれとは、SC導入当初は隔たりがあり、さらに言えば、教職員間でもその感覚・理念の差はかなり大きいことも事実である。よって、信頼できるネットワークが形成されるまでは、守秘のレベルは高くなくてはならないだろう。しかし、その信頼性が高まるにつれて、段階的にそのレベルを低下させていくことが可能となる。

　このように守秘義務は固定的なものではなく、段階に応じた変動的なものと考える。

　ただし念のために付け加えれば、虐待に関しては、SCを含め、学校関係者すべてが、守秘義務を越え、児童相談所に通告する義務を負っている。虐待の通告に関して、まだまだ学校内に十分な理解がされていない場合もある。しかし、SC自身も通告の義務を負っていることをよくわきまえ、何らかの虐待が疑われた際には、児童相談所への通告をしなくてはならない。

（4）校外ネットワーキングのためのコーディネート＜資料3－3参照＞

　「ネットワーキング」という考え方は、学校内に留まらない。先に述べた「開く」というSCの役割で、中心的なものは外部機関との連携であった。

　この「外部機関との連携」においても、「コラボレーション」の概念を忘れてはならない。学校から外部機関（例えば、病院等）を紹介された際、保護者の多くが「切り捨てられた」と感じることにもっと留意すべきである。

　また一方で、他者から病院を受診すべきだと言われると、学校ではもう何もできることがなくなってしまうかのように感じる教職員もいる。受診してしまえばもう手は出せないと無力感を感じる教職員や、一切の手を引いてしまう教職員がでてきてもおかしくはない。「お任せにする」のでは「外部機関との連携」とは言えない。

　学校内でできることは継続しつつ、学校だけではできない部分を他機関でやってもらう。具体的には、紹介したら、必ず「その後どうですか？」と声

をかけ、様子を確かめる等、フォローアップを忘れないこと。学校ができる部分は継続し続けること。安心して、任せきりにせず、IP及び家族の了解を積極的に取りつけて、その機関と連絡を取り合うことを努める等を行っていく必要がある。

　SCから紹介状を書く。SCが仲介して連絡を取り合うなど、他機関との連携において、SCが果たせる役割は大きい。

　学校内・外のネットワークを作っていくために、エコマップの作成は有効であるが、完成したマップに意味があると言うよりむしろ、マップを作っていくプロセス自体が「コーディネート」としての意味がある。

(5) コーディネートの実際

　コーディネートしていく中で、教職員とのコラボレーションがうまく動いていった事例を紹介したい。

> ＜事例＞
> 　SC配属半年以内の事例。中1男子、不登校。二人の兄・一人の妹・両親の6人家族。IPは「お調子者で、友人にも人気がある。かわいいが、やや怠け者」と、担任談。教師の意図としては「母親指導」のため、SCへのカウンセリングの依頼が入る。

　小4まで同居していた祖父母とその親族から、「母が問題」と考えられており、夫はそれから妻を守り切れていない。IPと母との関係の悪化が目立ってきていた段階で面接。母親はこうした四面楚歌状態の中、強い怒りをもって初回に来所するが、SCが全く母を責めなかったことから、面接の継続に同意する。

　母親面接後、担任に対して、母は母なりにIPとの関係が悪くなっていることを辛く感じ、現況を何とかしたいと強く願っていること。それまで手が掛からず、目立つこともなかった三男の母へのアピール行動として発現した不

登校であると考えられること等の見立てを伝えていきつつ（＝コーディネート）、母のカウンセリングを継続。次は「父親の問題」と感じた学校側から父親面接の依頼が入り、2度ほど面接するが、母親をキーパーソンとしていくことの方にメリットを感じたので、母親面接を中心に行っていった。

　機会あって、IPとの面接ができ、母親対策として母に手紙を書く。それを担任から渡してもらいたいという話になる。それを担任にIPから頼むことをきっかけに、良き兄貴的な存在として担任が機能し始めた。

　SCとしては中1後半から中2前半にかけての母親面接と、数度のIPとの面接を行い、そこで得られた見立てを、担任及び教職員に繰り返し伝えていくことで、この事例の理解が深まり、担任だけでなく、担任以外の教職員たちが、教室外登校の場で関わり、保育所でのボランティアを勧めるなど、それぞれに自分の判断で動くようになっていった。

5）心理教育的活動

　着任当初〜1年くらいまでの「心理教育的活動」実践は、顔見世興行的な部分も強く、むしろ目的は「ラポール作り」、SCのPR活動という意味合いが強い。

　この段階では、生徒保護者向け・及び教職員向けの「通信」の発行。職員室での雑談的会話、本や研究会の紹介などが中心となるだろう。もちろん、保護者・生徒向けの講演会や教職員向けの現職教育等を依頼される場合もあるが、目的としては「顔見世興行」、ラポールづくりであることを考えて内容を考え、行うと失敗は少ない。

　学校への見立てが深まって行くに従い、こんなことを知っていてほしいという、コーディネート的要素が加わり、教職員側の要求が出てきたところで、今この学校に必要な情報・知識の啓蒙活動的要素の伝達という「コンサルテーション」の要素が、さらに加わっていく。

　さらに教職員とコラボレートできるレベルに達したときには、より予防的

な、まさに「心理教育的」なアプローチとなっていく。

　教職員向けの体験型研修会への抵抗感は次第に減少していくだろう。道徳や総合、その他の授業への間接、あるいは直接参加も積極的に求められるようになっていく場合もある。

　このように時期によって、「心理教育的活動」もその目的を異にするのだということを理解してその内容を決めることがポイントとなる。ただ、学校側がそうした理解に基づいて、SCに要求を出してくるとは限らない。SCとは何者か、SCをどのように使えば有効活用できるかがわかりにくい故に、こうした段階を踏むことになるわけである。

6）危機介入

　危機介入・緊急対応とは、児童生徒・教職員の生命・身体・財産等に損害が及ぶ事態や行動（例えば、自殺企図、生徒間・対教師暴力、虐待、激しい家庭内暴力、失踪、校内の事故・事件、災害、等）が起こったり、そうなる恐れが高い場合、SCに求められてくる対応である。学校・学級崩壊への介入もこれに含まれる。

　危機的状況は、まさにSCの力量が試されるときとなる。その場その場の瞬時の判断が問われ、機敏な行動をとることを要求される。危機が起きた直後のみならず、その後の支援も重要な仕事となる。危機を脱したあとの生徒本人、保護者、周りの生徒、教職員への対処の如何によって、心的外傷の度合いに差が生じる。

　危機状況下では、学校コミュニティーに混乱が起こりやすい。保護者、児童生徒、あるいはマスコミへの対応には、教職員間で一致し、「その後」も見据えた一貫した方針をもつことが望ましいが、そのこと自体が非常な困難を伴う。

　学校の多くは、危機対応マニュアルを何らかの形で用意している。しかし、危機的状況における「心理的ケア」に関しては、十分に考慮されていない場合が多いようである。それだけに「心理的ケア」の中心的役割をなすべきSC

の役割が重要となる。

　危機の種類によっても、どのような事態が予想され、そのためにはどのような心理的ケアが必要であるのか等、まずSCひとりでできるケアから、学校全体で取り組む形のものまで具体的な手法をあらかじめ、学習しておく必要がある（資料3－5参照）。

　さらには、SCもベテランとなれば管理職から、コンサルテーションを求められる場合も出てくるだろう。「対策中心のコンサルテーション」として、管理職と共に、緊急支援のためのプログラムを作成していくことになる。

　ここで注意しなくてはならないのは、「コンサルテーション」の項でも書いたとおり、コンサルテーションはあくまでニーズがあって始めて成立するものであるということである。危機的状況下では管理がコントロールを失いやすい。その状況下でSCが「押しかけコンサルテーション」をすることは、かえってコントロール不全を増長しかねない。小さなコンサルテーションのニーズ・カウンセリングのニーズを発見し、それに対応していくことから、SCとしての危機への支援が始まる。

　具体的には、養護教諭の不安・担任の辛さを支える。不安を訴える子ども、学校を批判する保護者等との面接を行う。それをコーディネートしていく、という活動となるだろう。

　また、危機状況を脱した後、次に再び危機的状況が起きた際の危機介入のあり方を点検することも重要である。そうした危機をいかに予防し、回避できるかどうかの検討を行う必要もある。そうした点検をしていくことによって、学校というコミュニティーがより成長する機会ともなりうる。学校も、SCも、危機からどれだけ学び取ることができるか、試されると言える。

　危機は突然やってくる。突然の危機にあわず、即応するためには、日頃の備えが重要となる。日頃の備えとは、学校内・外のネットワークづくり・「学校の相談システムの構築」に他ならない。校内ネットワーク・相談システムができておらず、コラボレートする土壌ができていない場合には、校内に危機が起きた際にSCには秘密にされるという事態もありうる。

> ＜家庭内暴力の女生徒の事例＞
> SC着任3年目。中2女子。1学期早々から欠席が多くなり、その後、母への家庭内暴力が激しくなり、母子双方の生命の危機も想定された事例。

母子家庭。SCは、担任・学年主任からの依頼により、母との面接を始めていたところ、突然IPが物を壊す・はさみをもって振り回す等の行動が出現。

暴れ始めると、母は担任（若い男性教師）にTEL→担任からSCにTEL→「母はとりあえず逃げること。落ち着いた頃を見計らって、必ず帰ること」といった具体的な指示を出して危機介入する。

母親面接は継続。エコマップ的調査：リソースとして、母方祖父母・近くに住む母の友人の存在が確認できる。暴れ始めたら、母は逃げる→祖父母に連絡＝様子を見てもらう→IPが落ち着いた様子になれば、母は家に戻るという形で凌いでいたが、母の消耗感・疲労感激しく、夏休みが迫り、1ヶ月半のSCとの面接のブランクが心配された。

母の不眠等の鬱的症状も出ていたので、病院に紹介。IPと共に受診→いざとなったら、救急車で「母子入院」を受け入れてくれることになる。

保健所：精神保健福祉相談員へ連絡。警察・救急を呼んだ際に、IPがスッと落ち着いてしまう。女の子であることもあって、緊急入院するまでもないと判断されてしまう恐れもあったため、そうした場合には、相談員に連絡を取ることで、上記の措置にスムーズに進むよう、計らっていただくことを依頼。

結果としては、母はIPに「病院に入院」と話した上で、母の友人宅に数日間身を寄せ、祖父母がIP宅でIPを見ている。時折担任が家庭訪問し、様子を把握することで、夏休みを乗り切る。

その後は母親面接・IPとの面接を継続。夏休み以降暴れることはなく、登校も可能となっていった。

＜参考文献＞

・鵜養美昭（1996）：教師へのコンサルテーション活動の現状と課題．精神療法，**12**(4)，381-388.
・鵜養美昭＋鵜養啓子（1997）：学校と臨床心理士．ミネルヴァ書房．
・鵜養美昭（2000）：教師とスクールカウンセラーとの役割分担「臨床心理学大系20巻 子どもの心理臨床」．金子書房．
・小林幹子（2001）：教育相談における地域連携を目指した実践的研究－コンサルテーション・リエゾン機能を中心に－．心理臨床学研究，**19**(1)，181-191.
・黒沢幸子（2002）：指導援助に役立つスクールカウンセリング・ワークブック　金子書房
・野々村説子（2001）：学校教師へのコンサルテーション．心理臨床学研究，**19**(4)，400-409.
・宮田敬一（2002）：実践！　スクールカウンセリング　村山正治・鵜養美昭　金剛出版第1部2章「保護者と対面するときの心構え」

第4回

学校心理臨床における相談構造づくり

中村美津子

第1章　「学校の事例」とは

1）学校の事例の特徴

(1) 何故「学校の事例」か？

　学校でスクールカウンセラー(以下SCとする)として活動すると、事例の取り上げ方や取り扱いが従来の臨床場面でのそれとかなり異なってくるのが感じられる。その学校のニーズによって、従来の心理療法的面接が時間刻みで設定されることもあるし、反対に、直接の生徒面接は行わないでほしいという学校もある。従来の臨床観をもっていくと、自分のしていることが分からなくなるのが学校心理臨床である。そこで、学校心理臨床とは何かを考えるために、「学校の事例」という観点から考察をすすめたい。比較するものは、従来の外部の相談機関(病院や個人開業や地域、大学の相談室等)での「従来の事例」である。

(2) 学校教育相談の中での「学校の事例」

　同じ臨床心理士が関わる事例でも、その心理士が活動する位置が異なると関わり方が変化をする。まず責任という観点からみると「従来の事例」はかなり専門家の責任でできる部分があるが、「学校の教育相談の中での事例」は最終責任は学校長(教育委員会)にあり、「心理臨床家の事例」ととらえるよりは「学校の事例」としてとらえる必要がある(the case of the School)。これは心理臨床面接のサービスを受ける人とする人との間に契約によるサービスの対価の交換がないことからも明らかである。その点では公共の福祉サービスの事例と共通している。

　しかし、援助者である臨床心理士が学校の外ではなくて学校の中、つまり「現場にいる」という性格と、「半ば学校組織(学校コミュニティ)の一員」であることから、外部の福祉サービスで臨床心理士が関わる事例とは異なる特

徴がある（the case in the School）。つまり「事例」に対して学校の教職員と共同で関わり一定程度の責任をもつという側面、現場にいるために「事例」の関係者になっているという側面である。「従来の事例」では、人工的な「面接構造」を作り、面接に影響する変数を極力減らし、治療者の守りを考慮しているのに比べ、SC自身の存在や働きも常に、事例に影響を与える関数として考慮しなければならない。

　「半ば学校組織の一員」という側面も変化している。そのあり方は平成7年から12年までは「スクールカウンセラー活用調査研究委託」であったが、この事業が平成13年度から「スクールカウンセラー活用事業補助」という補助事業に改められた。各都道府県が行う事業を国が補助するという形であり、SCは都道府県の非常勤職員に位置づけられた。学校とSCの関係性とSCへの認知は刻々と変化していく可能性があり、その都度それらが考慮される必要性がある。

　では、「学校の事例」の対象者は誰であろうか？「従来の事例」であれば、対象は、来談者である。来談者となっている時点で、既に相談意欲をもって現れる。しかし、「学校の事例」では、それは学校教育相談の事例であるので、学校教育相談の性質を良く理解しておく必要がある。学校教育相談は「教育というサービス」の中に位置づけられている。教育の対象として個々の児童生徒は既に「事例」としての対象である。そのことから、考えると、「学校の事例」は潜在的にその学校のすべての児童生徒を対象としている。問題が生じたときにすぐに対応する「待ちの姿勢（waiting-mode）」と同時に予防的な健全育成の側面や、また専門家としての観点から問題を取り上げていく「積極的に出ていく姿勢（seeking-mode）」（山本、2002）が必要となる。後述するように、事例を事例化していく作業も「学校の事例」では、行うべき活動であるが、これも、潜在的にすべての児童生徒が「学校の事例」では対象者となっていることに由来する。受動的な感受性を働かせながら、その中に同時に能動性を保持していくことが学校臨床では要求される。

　以上のことから「従来の事例」では心理査定と心理療法的介入が臨床心理

士の関わりの中核となるが、「学校の事例」では、教育サービスの中の活動であることや現場にいることから、心理査定、心理療法的介入に加えて、心理教育的活動や、コンサルテーション、コーディネート、危機介入などの臨床心理的地域援助などの様々な関わりの可能性と責任が生じる。

(3)「学校の事例」の成立と援助という関わり

「従来の事例」の多くは、契約に基づく任意の関係であるのに対して、「学校の事例」は、対象としてすべての児童生徒を潜在的に含みながら、開始と終結についての大きな枠の中で成立している。すなわち、入学と卒業である。またそれに加えて、小さな枠である学年や学期の節目の影響を大きく受ける。これらの枠は制限でもあるが、守りでもある。「従来の事例」が人工的な制限を作り治療者を守っているのに対して、「学校の事例」では「学校」というものに守られている。この大きな枠を意識しながら関わるのが「学校の事例」の特徴である。また、「従来の事例」とは異なり、生徒や保護者面接も、学校という日常の生活場面での活動なので「生活場面面接」となる。「従来の事例」では原則破りとなる面接以外での接触や家庭訪問などができるのも、その守りがあるからである。

次に関わり方であるが、「学校の事例」では、関係者と同じ生活場面にSCもいるので、本人のみならず関係者と関わりをもつことができる。

子どもに対しては、本来本人への働きかけのみならず、本人を取り巻く環境への働きかけ（環境調整）が必須であると言われているが、SCが学校現場にいるので関係者との関わりが容易にできるという点で有利である。「学校の事例」では事例に即して、本人への面接による支援やコンサルテーション、コーディネートや保護者面接などを通して「その事例」にとっての発達促進のほどよい環境づくり（次章で述べる相談構造づくり）をすすめることができる。

2）「学校の事例」と「事例性」

(1)「事例性」の見立て

「学校の事例」では「疾病性」や「障害」より「事例性」という視点が不可欠であり（山本、1986）「事例性」をとくに問題にし、事例性に注目したアプローチが必要となる。事例性に注目したアプローチとは「誰がどんなことから問題として取り上げたか」という「事例を事例たらしめているもの」に着目するアプローチである。すなわち、児童生徒の問題を取り上げながらも、実際に相談に訪れる教師自身の問題、児童生徒との関係、教師間の関係などの背景となる諸要因を十分に考慮するのである（本間・米山、1999）。来談経路も事例性を見るときに忘れてはならない。さらに広く言えば、社会や文化に大きく規定される（長岡、1998）と言われるが、具体的には、その事例が問題とされるその学校の風土や文化に規定されるという側面に注目することである。

さらに、事例を注意して見ていくと、児童生徒の問題が外界に現れた問題とつながっており、内界から外界を見る視点、外界から内界を見る視点が共に必要だということがわかる。事例性は事例の見立てに大きな手がかりを与えるものである。

事例性を重視する考え方は、パーソナリティの機能をアセスメントするときに、パーソナリティが機能しやすい環境としにくい環境というように、環境の問題もアセスメントの対象にできるとするケースフォーミュレーション（下山、2001）とも通じる考え方である。

(2) 事例性と疾病性との関係

疾病性が低くても事例性の高い事例があり（多くの不登校事例）、疾病性や障害程度が高くても事例性が低い事例がある。このように「事例性」は「疾病性」と相対立する概念ではなく、並立する概念である。疾病性のアセスメントは必要であり場合によっては外部機関との連携も必要であるが、疾病性の

有無に関わらず学校の事例では事例性に着目した関わりが必要である。

　とくに疾病性が高い事例であると「これは学校では抱えられない事例である」「専門家にまかせよう」となりがちである。しかし、事例性が高いか否かで「学校の事例」とするかどうかを判断し、学校で抱えていく必要がある。例えば、てんかんをもつ生徒の場合、てんかんの治療に関しては専門医のみが行えることであるが、てんかんをもつ児童生徒がいかに学校内で適応的に生活ができるかという課題は学校内での教師、生徒などの関係者のみが取り組める課題であろう。専門機関との連携もこの視点にたって行うべきものである。障害の場合も疾病性と同様に考えられる。

(3)「学校の事例」と「事例化（事例になること、事例とすること）」の見立て

　事例が事例になることを「事例化」とすると、その契機は通常本人の訴え、症状や問題行動を通じての保護者や担任などからの訴えなどがある。このような事例化は「従来の事例」のように困った人、悩んでいる人が来談するという場合と基本的には同じ事例化である。しかし、学校現場にいるとそのような契機がなくても、訴える力が弱いために問題が見過ごされている場合や、問題が生じていても問題にされない場合に予防的、発達促進的に事例化するべき事例、事例化したほうがよい事例がある。これは"事例にしていく事例化"である。その見立てにも臨床心理士としての専門性と責任があると考えられる。

　これは、学校臨床心理士になって初めて出会う状況である。従来の事例は病院や相談機関での事例であるために、来談するクライエント（患者、客）への見立てから心理面接が開始する。つまり事例がすでに事例化している状況である。しかし、学校の事例では、事例化するべきか否かの見立ても必要となる場合がある。これは前述したように、教育相談の本質的な機能と責任に基づくものである。

　さらに、「学校の事例」が事例化されるためには、相談しやすい学校の雰囲気やSCを含めた教育相談体制の衆知も重要である。

(4)「学校の事例」に特有な「事例化」

次に「学校の事例」に特有な"事例にしていく事例化"について、具体的な方法について、述べておきたい。事例化するか、否かで迷う場合である。例えば、"相談"という形でSCに話がもち込まれる場合は、「従来の事例」におけるインテーク面接のように、問題となっている子どもは誰か、相談者の主訴は何か、問題解決のための外的、内的資源はどのようなものかなどをさぐりながら、関わりの手だてを考え、次章で述べる相談構造を考えていく。しかし、相談ということでなく、何気ないSCへの雑談の中や、先生同士の会話の中で気になる"情報"が聞こえてきたときに、その"情報"を「事例化」するか否かの判断が要求される。このときに"気になる"というのは、その話されている内容と話者の表情やトーンといった全体的な情報からかもし出される物である。また、何故そのようなことが起きるかというと、問題が実際にも事例性をもっていない場合、事例性はあるが話者が問題を意識化せずにいる場合、もうひとつは事例性もあり話者が問題を意識化もしているがSCに相談する問題ではないと考えている場合などがある。

次に、事例化するか否かの判断を出すためにSCは適切で必要な情報収集を行わなければならない。そのためには学内校務分掌上の役割の把握から始まり、"その"学校に特有な情報の流れを把握していて、誰からどのような情報を得るとよいのかを考えて情報を収集していく。また、その際にSCが情報収集していく影響も考慮する必要がある。

このように"相談"という形にまでならないが、"相談"へと発展していく可能性のある事柄に対して絶えず注意を払うのは、受動的な待ちの姿勢(waiting-mode)であるが、それはたんに、待ちの姿勢であるのでなく、その中に積極的な姿勢(seeking-mode)を保持していくことである。

＜参考文献＞
・下山晴彦(2001)：診断からケースフォーミュレーションへ．臨床心理学，1(3)，323-330．

- 長岡利貞（1995）：欠席の研究．ほんの森出版．
- 本間友巳・米山直樹（1999）：小学校におけるスクールカウンセラーの活動過程．心理臨床学研究，**17**(7)，237-248．
- 山本和郎（2002）：危機介入．実践スクールカウンセリング．村山，鵜養編．金剛出版．146-161．
- 山本和郎（1986）：コミュニティ心理学地域臨床の理論と実践．東京大学出版会．

第2章　「相談構造づくり」

1）相談構造の役割と意味

(1) 相談構造とは

　前章では学校の事例と従来の事例を比較して「学校の事例」について述べたが、本章では「学校の事例（相談事例）」への関わり方で最重要課題となると考えられる相談構造づくりを述べたい。臨床心理士にとっては、学校での事例は従来の事例との比較で「学校の事例」であるが、学校教育相談の枠組みの中で生じるので、その面から見ると「教育相談の事例」である。そこで学校の中では「学校の事例」を「相談」の事例と、名づけるほうがよいと考えられる。その相談についてそれをめぐる構造が相談構造である。では相談構造とは何か？　相談構造は「相談」において、「従来の事例」での「治療構造」、面接の「構造」条件に対比されるものと考えている。従来の事例では、専門家と依頼者の間の物質的・社会的な報酬を払うという職業関係を維持するために結ぶ様々な約束事からなる治療構造と、それに由来する面接の「構造」条件の下に、臨床心理面接を行う。

　「相談」においては、「相談」の当該児童生徒と、相談をめぐる関係者（保護者、家族、担任等の関係する教師、その他友人、親戚など、SC）が作る有機的な構造が「相談構造」である。その相談構造を構造化されていない段階から、発

達支援の枠組みとなるような相談構造に作ることが「相談構造づくり」である。そこでは、地域社会での援助職の役割と責任をもとにして、当該児童生徒への直接支援と家族や友人関係などの人間関係などを調整する支援の全体が相談構造づくりになっていく。

(2) 相談構造の役割

相談構造には様々な役割がある。第一に「相談」の背景として相談構造が存在する（背景としての相談構造）。これは相談が発生したときに存在する「今ある相談構造」である。相談が生じたとき、それが事例になってきたそれまでのその児童生徒を取り巻く既存の支援体制が機能していないか、機能をこえて問題を抱えることができなくなったということのあらわれである。そのために相談の背景に相談を生み出す構造がある。これも機能不全の構造化されていない相談構造である。

第二に、相談事例を発見する機能も担うのが、相談構造である（事例を発見する相談構造）。本人や保護者からの訴えを聞き、問題とするべき事例であることを判断する（事例化する）ものがいるときに、既にそこに相談構造がある。とくに本人や保護者からの訴えがない場合でも、予防的な見地や健全育成や学級の健全経営のために、個々の生徒や学級について「相談」を見いだすときにそこに相談構造が存在している。

さらに、第三に相談構造には「相談」事例の訴えの受け皿としての役割もある（受け皿としての相談構造）。教育相談の機能がよく働き、訴えを受けとめることができるとそこに受け皿としての相談構造が生まれる。今ある相談構造から必要な相談構造を作ろうとする「相談構造づくり」の第一歩が始まる。

第四に、当該児童生徒の発達を援助できるように相談構造を作ることが必要であり、そのためには関係者が連携して発達促進的な働きかけと環境を作っていく必要がある。どのような相談構造かは事例によって異なる（発達を援助する相談構造）。

第五にこのような相談構造づくりがすすむと「相談構造」は「相談」事例

の関係者を繋いでいく（援助者をサポートする相談構造）。この場合相談構造は援助者をサポートする機能を発揮して、援助者が孤立するのでなく協働（コラボレーション）することを助ける。援助者相互（養護教諭とSCのような）や、援助専門職と教職のような異職種の協働（亀口、2002）が生じる。

2）相談構造づくり

(1)「今ある相談構造」から「望ましい相談構造」へ（アセスメント、見立て）

　前節で述べた「相談構造の役割」の第四、五の部分が相談構造づくりである。ほどよい発達促進機能をもった相談構造ができてくると、第一から第三の機能が発達促進的に機能するようになる。SCの存在の有無に関わらず、教育相談体制がうまく機能しているときは、個々の事例をめぐり「相談構造」が機能していると考えられる。

　臨床心理士が「相談」の事例を考えるときに、「相談構造づくり」はその仕事の中核を成すと考えられる。事例化、心理査定（見立て）、臨床心理面接（生活場面面接）、臨床心理的地域援助（コンサルテーション、コーディネート、他機関紹介）などをその事例の「相談構造づくり」のために行っていく。関係者で支える、事例にとっての具体的な「ほどよい内外の世界の探求」の具体化が「相談構造づくり」である。いわゆるケースマネージメントの中核はこの相談構造づくりであろう。

(2) 児童期・思春期の心性からみた相談構造づくり

　もともと児童期・思春期の心性は環境の影響を受けやすく、児童の心理療法は保護者など児童を取り巻く環境への働きかけが必須といわれている。学校心理臨床ではこれに加えて学校への働きかけができる舞台があるので、児童期・思春期の児童生徒にとって必要な環境調整がしやすい位置にSCは立つことができる。

　また「現在の小中学生の心理的問題として悩みを抱えられるほど成熟して

いない、防衛機制としてスプリット、セパレーションが働くケースが多い。その為関わる人たちが分裂させられることが多い（鵜養、2002）」という状況がある。実際に筆者もこのような状況に遭遇することが多い。このような事態は現在学校内外で多く見られるが、これに対処していくには、生徒の内界、外の世界を知り、関わる者が互いに役割や布置を理解しながら全体として相談構造を作ることが必要である。

(3) その事例の「相談構造」を見立てる

その事例にとって望ましい相談構造を見立てるポイントを以下に考える。

第一に、誰が何を問題としているのかという"事例性の見立て"があり、そのことで、取りあえず働きかける対象が決まると同時に、当面の目標や着地点が見えてくる。問題を所有する人（主訴をもつ人）が誰か、何が問題となっているのか、何故今問題になっているのかという見立てである。事例性に着目すると本人や関係者（親、担任など）がどんなことで悩み、苦しんでいるかが見えてくる。

例えば、ある担任がある男子中学生を問題にして、「非常にやりにくい反抗的な問題のある生徒だ」と述べてSCに相談してきたときに、その生徒が問題なのか、その生徒と先生の関係性が問題なのか、という事例性の見立てが必要となる。ある事例の場合、教科担任の先生の間では、生徒について反対の認識があるということが分かり、関係性の問題であることが分かってきた。そうなると生徒への面接は当面不要なばかりか、設定の仕方によっては生徒先生間の関係をさらに悪化させる可能性もある。そのため、生徒への面接は当面控え、担任との間で生徒への見方、よりよい関わり方についてのコンサルテーションを行い、担任を支援するという相談構造を作るということになる。

第二に、"生徒自身の心理社会的発達段階、人格の機能をアセスメント"して、それに見合った相談構造をイメージする。生徒の心理社会的発達がすすんでおり、症状や問題行動を出さず、悩みとして抱えられるような状況であ

れば、本人への心理面接のみで関係者を巻き込んだ相談構造づくりまでする必要がない場合もありうる。しかし (2) で述べたように、現在の小中学生は悩みを抱えられるほど成熟しておらず、防衛機制としてスプリット、セパレーションが働くという心理的問題をもつケースが多い。その為関わる人たちが分裂させられることが多い。そのために、その心理機制から生じる関係者の布置を理解して、互いに対立するのでなく共通理解を図る必要がある。それがないと、問題を抱える教師個人の問題とされて、教師が孤立する場合も生じる。相談構造を作ることで援助者相互がつながり協働が可能になるのである。

　上記の事例でも、担任への問題行動に本人の問題が現れていたのであるが、それは、他の先生の前では現れず、かえって良い面を見せていた。しかし、教師間ではその分裂が表面化せず、担任だけが、困っている状態であった。情報交換がなされることで、その分裂が表面化したのである。教科担任よりその生徒についての違うよい側面について情報が得られたこと、担任がその生徒との関係で悩んでいることが学年の教師の中に理解されたことも担任を支える相談構造の全体に含まれている。さらに、担任の見方関わり方が少し変化することで、生徒先生間の関係が改善されることは、生徒本人のもつ分裂した対象関係が修正され、より成熟した対象関係に変化するきっかけになっていく。SCは、コンサルテーションを通じた他教師へのコーディネートをしながら相談構造づくりを援助するのである。

　第三に、"児童生徒の心の内外の見立て"も同時に行い、必要な相談構造を見立てていく。成育歴、問題歴、家族、家族歴、交友関係や、学業知的能力、運動能力などから外界の認知、自己意識などを把握、外に表れた情報から生徒の内界（外界の認知、自己意識など）を見立てる。前記事例においても、担任、教科担任より、家族関係の情報が得られて、母子関係の葛藤、母をめぐっての兄弟葛藤の存在がみてとれたのであるが、それが、母と似たタイプの非常にしっかりした注意の行き届く担任の関わりによって触発され、学校場面でも再現されていることがうかがわれた。その心理機制が理解されると、

単に担任の指導のまずさや、生徒のもつ問題という捉え方でなく、まさに関係性が問題となっていることがわかり、よりよい援助を生徒本人に提供できる相談構造が作られる。

　第四に、相談構造づくりを考えるときに、「どのような心理特性をもった職員がどのような心理的機能を果たしているかについての概略の見取り図が脳裏に描けるか」(鶇養、2002) という"学校コミュニティへのアセスメント"が必要になる。その為には、学校教育相談における校務分掌上の諸機能を把握すること（4）-（1）参照）が基本的に必要であり、さらに"その"学校において、その役割を担う人々が実際にどのような心理的機能を果たしているかについての把握が必要である。この観点は第三の観点と連動して望ましい外界のイメージがどの程度その学校コミュニティで作ることができるのかという見立てにつながっていく。

　上記の例では、担任のオープンな人柄や、すぐに家庭についての情報が提供されるような学年の先生集団の話しやすい援助的な雰囲気、その中でも中年の穏やかな男性教師が果たしている役割や部活の顧問（中年男性）の支えなど、良き父性的役割も把握できた。その上で、当該生徒にとっては、きっちりと目が行き届くという監視的、破壊的（に感じ取れてしまう）母性性ではなく、少し待ってもらえるような温かい母性が必要であることが分かり、望ましい外界がイメージされ、担任も自分自身に向けられた攻撃性ではないことを理解して対応に余裕がもてるようになっていくことで、望ましい外界イメージを構築することが十分期待できると考えられた。

　ところで、外的な状況が内的な状況とうまく呼応してコンステレーションが形成されるというユング派のコンステレーションの考え方（今井、1998）は、相談構造づくりの見立ての上で参考になる。

(4)「相談構造づくり」の実際

　（3）では、その相談構造の見立てについて述べたが、SCが関わる場合の実際の基本的な流れについて以下に整理をしてみる。

第一に、問題が生じること、問題を事例化すること（第1章 2）-（3）参照）で相談構造づくりが始まる。問題が生じる場合には、「症状」「問題行動」「欠席」「困った子」等々何かが起きて、問題を抱えている人が誰かに相談するということから始まる。ここで問題を抱えている人がひとりで抱えている間は、一見問題は生じていない。このときにも、誰かが事例化していくことはあるだろうが、多くの流れとしては、ひとりで抱えきれなくなって誰かに"相談"すると問題が生じるのである。

　そうすると第二に相談を受けた人は、主訴をもつ人から問題についての情報を得る。この段階で、問題の程度や、主訴をもつ人の様子、状況などを見て、次の段階に入るかどうか決定する。ここで、いったんしばらくは様子をみてフォローをしていくという選択もある。

　次に、もう少し話を聞く必要がある場合は、問題を抱える人との面接（保護者・生徒）や面談（教師）を設定する。さらに情報を得たり、問題を聞くことでその人を"支える"ためである。そこで、問題歴や関係者が見えてくると、その次の動きの見通しがつき、次の動きをおこす。一般に問題を抱えている人が教師の場合は、生徒との面接や保護者との面接に移り、生徒や保護者の場合には教師との面談を行う。

　次に関係者の情報交換により多面的な理解を図る。学年会や相談部会などの既存の相談機能や事例検討会をもち多面的な理解を図っていく。教員間や異職種間の見方をすり合わせ、外界と内界についての情報をすり合わせ、双方向に往復しながら「事例」についてのイメージアップをする。その上で、どのような相談構造が必要か（生徒にとっての望ましい外界のイメージを考えながら）望ましい関係者それぞれの役回りを考えながら、コーディネートやコンサルテーションを行っていく。当然のことながら相談構造内部での関わりや見通しは、学校の年度や学期、行事を意識する必要がある。

　いよいよ実際の関わりであるが、試行してみて見通しの再検討を行い、見立てそのものを再検討しつつ進めていく。

3）「面接構造」と「相談構造」

　相談構造の中での心理面接の役割は、本人への心理面接により自己理解、自己洞察をすすめ本人の自我発達を促進する働きと、心の内外を理解することで「相談構造づくり」のためにその理解を生かすことにある。その反対に、相談構造内部での情報交換、見方のすり合わせの中で、より生徒理解が深まり、心理面接が援助されることもある（相互コンサルテーション[注1]）。このように、お互いに援助しあう関係である。しかしながら、相談構造の中では心理面接は必須のものではなく、不可能な場合、不必要な場合もあるので、依頼されたから面接をするのではなく、面接を行う意味や必要性を考えながら、面接構造を相談構造の中に作ることが必要である。第1章で述べたように、従来の事例では、専門家と依頼者の間の物質的・社会的な報酬を払うという職業関係を維持するために結ぶ様々な約束事からなる治療構造と、それに由来する面接の「構造」条件の下に、心理面接を行う。そこでの面接と学校コミュニティでの相談構造における心理面接は、よって立つ基盤が異なる。そのため、従来の事例での原則が破られることも多い。

　例えば、本来は未成年者の心理面接は保護者の了解を得て行うが、教育相談の中では教育の延長上で、心理面接が行われるので、保護者の了解をとらないことが多い。保護者に面接を知らせるかどうかは本人の考えや感情や、相談構造づくりの観点から考慮していく。とくに、虐待の事例のように、子どもへの働きかけが保護者に対して知られることが微妙な場合もある。この点においても、相談構造の中で、心理面接をどのように扱うか、検討する必要がある。

　保護者面接においても児童生徒本人の心の内外を見立てながら、保護者が面接を知られたくない場合にはとくに注意して、「相談構造」の中に位置づける必要がある。

4）既存の支援体制の見立てと活用

(1) 一般的な教育相談の流れと諸機能
●1●教育相談の流れ

図1に示すように、教育相談上の機能をもった役割（人、組織）が連携をとりながら流れを作っていく。学年会、生徒指導部会、生徒指導全体会、教育相談部会、職員会、いじめ不登校等対策委員会などそれぞれの組織体制が日常的生徒理解を行い、それに基づき生徒指導を行う。各組織の検討が他の組織や全体に共有されて検討され、またもとの組織にもどる、というような双方向的な流れの中で、予防と問題行動の対応を担う。

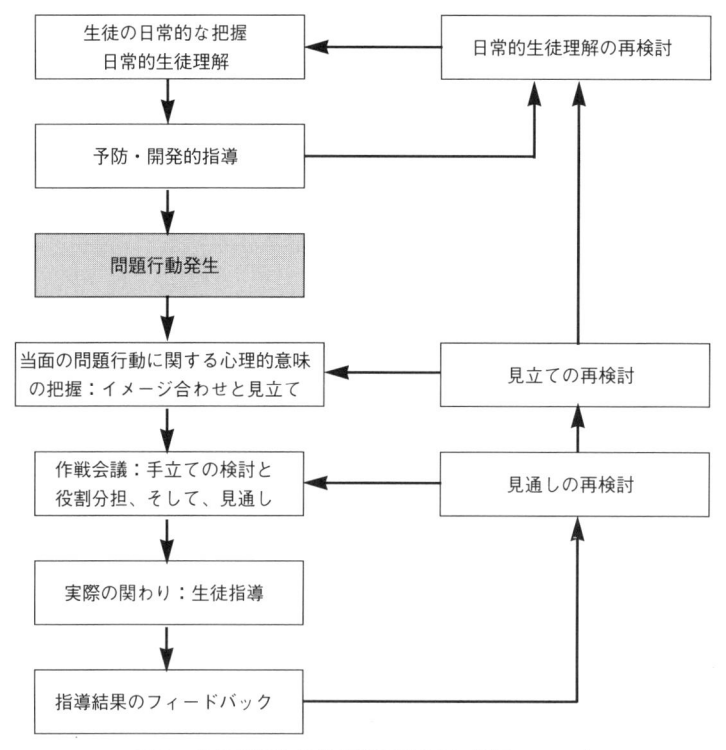

図1　生徒理解と生徒指導の流れ図（鵜養、2000）

このような流れを見ると、いわゆる非行などの生徒指導関係の問題であろうと、不登校等の教育相談関係の問題であろうと、学校の中の"問題"の把握とそれに対する対応は、同じものであることがわかる。ただし、いわゆる教育相談の問題は一見緊急性がないように見えるものが多いために忘れられがちなので、日常的な把握や生徒理解が不可欠であり、このような教育相談の流れが日常的にあることが必要である。

　この図でいえば、既述の相談構造づくりは、問題行動発生以後の問題対応の部分といえる。

　既存の日常的相談体制と、この相談構造づくりの間に双方向的な流れを作りだすことが、教育相談の流れを活性化させる。

●2● 日常的把握や発達の基盤づくりの担い手（鵜養・鵜養、1997）

　以下（鵜養・鵜養、1997）の記述を参照しながら、教育相談の諸機能について整理をすると、

●学級担任の働きかけ：学級は生徒の準拠集団であり、生徒が自由な自己表現をしながら自己実現をしていく足場である。それ故に、日常的生徒理解についての学級担任の役割は非常に大きい。とくに、小学校では、精神発達の段階からも安定した担任との関係が必要である。学級経営をしながら、親との関係も作っていく。児童生徒の側から見ても、担任への期待は一番大きく、学校を直接的に代表した存在として認知されている。

●管理職の働きかけ：対外的には学校を代表し地域の他の施設や機関と協力しながら、学校内では教師や子どもを守る仕事である。学校としてやるべきことやるべきでないことをしっかりと区別し、方向性を指し示す立場に立つ。はっきりとした枠付けを明確に示すことで、生徒は自己コントロールの大切さを学び、枠への挑戦を通して次の発達段階に進んでいく。

●学年主任：学年会を主催し、学年の学級運営を統括して、担任を指導、支援する責任をもつ。中学校ではとくに、重要な機能をもつ。また、管理職とともに、学校全体の運営委員会のメンバーである。学年会で学年の生徒の生徒指導上、教育相談上の問題を把握していく。

- 生徒指導：生徒指導部は管理職の枠付けを子どもにはっきりとわかる形で具体的に示し、全体の進んでいく方向を指し示す。生徒指導部は広い範囲で、学級担任や学年会を支えながら、子どもたちの発達段階にあわせて乗り越えるべき課題を提示していく役割をもつ。
- その他の教職員：教科担任、クラブ顧問、非常勤講師、用務主事、事務主事など比較的評価的ではなく自由な立場で関われる人々であり、意外な情報をもっていたりする。
- 養護教諭：日頃の心身の健康教育を通して健康に気を配り、心身への微妙な感受性を身につけていけるように働きかける。成長発達していく子どもたちが身体変化を受容しさらに女性性・男性性を引き受けていけるように働きかける。学校医や地域の両機関と連携していく姿勢をもつ必要がある。子どもたちが傷つきやすい部分、敏感な部分を育てていけるように、あるときはお母さん的だったり、相談相手になったり、励まし喝を入れる存在であったりする。

以上のような担い手が一般的である。教育相談の機能をとくにもつ、相談係や保健主事などが地方自治体や、地域、学校により存在することもあるが、もともとは以上のような担任、管理職生徒指導、養護教諭などの役割が学校に本質的に備わり、全体として教育相談機能をもってきたのである。

- カウンセラー：生徒の心理社会的発達に対して重要な役割をもつ。児童生徒の発達上の問題について専門的見地から見立てを行い、発達促進的な働きかけを提案していく。相談に対する関心を高める役割ももつ。上記の人々の役割をよく知りながらその学校のカウンセラーは連携を示す姿勢をもつ必要がある。このような諸機能は学校教職員にとっては自明のことであるが、参入当初のカウンセラーにとっては理解しにくいところであるので、各々の役割を理解して報告、連絡、相談、情報収集をいつ、どの役職に行っていくかを考える必要がある。そうすることで、その学校の教育相談機能の活性化に寄与していかなければならない。逆に学校側も学校組織と機能にSCが不案内であることを意識化する必要がある。

(2)"その学校"の教育相談体制の流れと事例化、相談構造づくり
●1● "その学校"の教育相談体制と流れ

　その学校ではどのような役割や組織が、どのようなパーソナリティをもった人によって担われているかというイメージをもち、それを事例化や相談構造づくりに用いていくことが重要である。前章で述べた事例化はSCのみが行うものではなく、教育相談の流れの中で行われるのが一般的であり、事例化への感受性が相談体制の流れの中に生きていることが重要である。それが早期発見、予防につながっていく。

　(1) で述べたような、生徒の発達を促進する基盤の担い手として担任、管理職、生徒指導、養護教諭などがいる。組織役割は現状適応的であるが、新しい問題に対して、新しい考え方で、新しい組織役割を整備しなければいけない学校もある。つまり、その学校の問題歴から教育相談体制は形作られる。例えば、生徒指導部会の他に、教育相談部会（適応相談部会、適応指導部会）や相談係のように、特に教育相談の機能をもつ組織や、相談係のトップが機能している学校もある。このように、新しい問題に対して「今ある構造」の不備から望ましい相談構造を作るときに、その学校の教育相談体制の流れを見直すこともできる。そうしてできている教育相談の流れは、個々の学校に独自なものであり、その由来や現状、実際に担う人のパーソナリティなどをよく知り、個々の事例を支援する相談構造を作っていくのである。また、相談構造そのものが学校全体で理解されていることが必要である。

　いわゆる生徒指導と比較した場合に、教育相談はその学校で位置づけが様々である。例えば、校務分掌上で"教育相談担当"が存在しているとしても、教育相談週間の教育相談を担当するというイメージでとらえられている場合もある。また、不登校等対策担当というと、不登校対策委員会を主催する係という程度の認識の場合もある。SCとしては、あくまでも名称にとらわれるのでなく、実際の教育相談の流れがどこにあるのかを見極めて、その部分と連携を図りながら、その流れを活性化していく必要がある。

●2● 教育相談の流れと事例化、相談構造づくり

実際の学校について考えてみよう。

あるA中学校では月2～4回ほど開催される適応指導部会（教育相談部会）を行っている。メンバーは各学年の担当者、相談係である保健主事、養護教諭、SCである。ここで、出欠席など気になる生徒について情報交換をして、事例化するかどうかの検討、問題事例の経過の報告、検討などをしている。その上で、事例の相談構造を考慮して相談係、SCで担任等と情報交換、作戦の検討をする。事例によっては相談構造が教科担任、部活顧問、メンタルフレンド、心の教室相談員等にまで及ぶ場合もあるが、その全体の布置を考えていく。相談係は職員会や主任者会などで、全体と管理職に対して報告をしていく。

このように日常の教育相談の流れと個々の事例に対するプロジェクト的相談構造に双方向的に関連をもたせることで教育相談の流れが充実・活性化していく。

それに対してB中学校では、学年縦断的な教育相談部会が存在しないので、各学年会がその機能をもっている。学校規模が小さいために保健主事のような相談係は担任ももっているので、相談係として機能しにくい状況である。このような学校では、相談構造を作るときにはSCは担任や相談係への報告のみならず、学年主任等関係者への報告、情報収集をSCは留意して行っていく必要がある。

このように、学校によって、教育相談体制は様々である。教育相談部会の定期的開催ひとつとっても、学年での担当の確保、時間割の調整、SC勤務との調整等クリアーするべき問題が多々あり、管理職以下学内全体の教育相談のあり方に対するコンセンサスが必要であり、一朝一夕に進むという問題ではない。SCが個々の事例にしっかり取り組むことや広報などの日常的な活動を介してSC自身も息の長い取り組みをしていかなければならない。

小学校の場合は、中学校よりも学校規模が小さく学年会も成立しない学校がある。また、教科担任制ではないために、学級王国というように担任が事

例を抱え込みがちである。その弊害を取り除き、担任自身が自己開示して"相談"できるようになるためには、以下の（3）の"見える"相談体制を作る必要がある。

(3) "見える"相談体制
●1●相談体制が"学校内"で"見える"ということ

　相談体制が活用されるためには、その流れが教職員に見えていることが必要である。問題が起きて困ったときに担任は誰に相談すればよいのか？　多くの場合は、その学年の主任に「今自分のクラスの〇〇君に困ったことが起きた。どうしたらよいだろうか？　自分はこのようにしたいと思うが」と相談をする。これは、学内での事例化がここで行われたということである。また、養護教諭が出欠席の状況を把握していて、「この頃、遅刻が続いていたが、この２、３日休んでいるＢさん」に気がついたとする。この場合は担任に「この頃Ｂさんが休みだしたけれど、クラスではどんな様子なの？」と聞くことで、事例化が生じる。この後学年会や、主任者会などで話し合われて、管理職、職員会に報告され、実際の対応は担任や学年にまかされるというようになっていく。ここで、生徒指導問題における生徒指導主事のように、教育相談問題に対する相談係のような教育相談上の問題についての責任者がいることが望ましい。相談係というのは、学内では教育相談に責任をもち、情報の集約発信を行い、あるときは学年主任とともに担任をサポートする、相談構造づくりにも参加するという"相談の責任者"である。具体的には、その学校でその立場に立つ教員は、小学校では教務主任や養護教諭、生活指導主事、保健主事であったりする。中学校では保健主事、養護教諭であることが多い。生徒指導系の問題が少ないところでは、生徒指導主事がそうである場合もあろう。しかし、教育相談担当という校務分掌が学校組織にあるが、形骸化しており、自他ともにそのような認識がない場合もある。学校では生徒指導上の問題であれば「生徒指導主事」に報告、相談しようということになる。それと同様に、教育相談上の問題については「相談係」に相談しよう、

SCへの相談も頼もうというように"相談体制"が学内で見えていれば、教育相談の流れは一段と活発になる。このように「相談係」が市民権を学内で得て"見える"相談体制が形成されることは、SC活用のためだけでなく、本来のその学校の教育相談活性化のために不可欠であろうと考えられる。

　SC活用においても、第3回第1章の「SC担当者」で記述されているように学校とSCを繋ぐ道案内役の存在が鍵となる。相談係が学校の相談責任者として道案内役を務める立場で存在することは大きな意味がある。その道案内役は「心理臨床についての基本的知識を有し、学校教育相談に対して興味・関心を抱いていて、その立場の役割を担っている教職員が最適である」ということだが、"その立場の役割を担っている"という点が最重要であると考えられる。

● 2 ● 相談体制が"学校外"から"見える"ということ

　従来から、担任が保護者や生徒からの相談の窓口である。何かあれば担任に相談するというのは普通のことである。うまくいっていれば、問題はない。しかし、担任が相談した保護者の思いを十分に受け取ることができなかったり、適切な窓口への紹介ができなかったりして、相談関係を作ることに失敗することもある。相性が悪い場合もある。そのような場合、保護者はどうするか？　学年主任に話してみようか、管理職に相談してみようか、となって学校の中のどこかで受け止めることができればよい。しかし、他の相談機関を訪れたり、教育委員会への訴えという非常手段にでることもある。

　学校外への相談、訴えが不可避で必要な場合もあるが、まずは学校で相談を受けていきたいものである。そのためには、学校には相談機能があり、それは担任のみならず、相談係、養護教諭、学年主任、管理職、SCなどがその機能をもっていることが、外部に見えていることが必要である。これが"見える"相談体制である。そのような学校は保護者からみれば、"相談しやすい学校"である。"見える相談体制"は、受けるべきところで相談を受けるために、必要であり、児童生徒や保護者から相談の窓口や役割が見えていることが必要である。地域社会を再生させていくときに、学校の相談機能はま

すますその必要性をましてくる。SCは、ここでもまた、広報活動や学校行事への参加等を通して、"見える"相談体制を作るために貢献をすることが必要となる。

(4) 学校外の支援体制の見立てと活用

相談構造は学内のみで終わるものではなく、地域の相談機関、児童福祉機関、医療機関、家裁、警察なども、組み込まれる場合がある。その見立ては前に述べた相談構造づくりと同様である。この場合、外部におまかせした後、内部の相談構造を機能停止にするのでなく、何を外部の機関に求めるのかを明確にしてそれぞれの役割を明確にすることが必要である。

前項で述べたのと同様に、個々の事例での相談構造の機能不全から、地域の相談体制の問題点もわかり見直す契機になる。

＜参考文献＞
・今井完弐（1998）：学校教師へのコンサルテーション過程より―コンステレーションの把握と問題解決のための武器の獲得―心理臨床学研究, **16**(1), 46－57.
・鵜養美昭、鵜養啓子（1997）：学校と臨床心理士. ミネルヴァ書房
・鵜養美昭（2000）：学校内の支援体制. 青年期の課題と支援. 村瀬・三浦・近藤・西林編. 新曜社.
・鵜養美昭（2002）：学校教育とスクールカウンセラー（2002）. 学校臨床心理士の活動と専門性. 日本臨床心理士資格認定協会学校臨床心理士ワーキンググループ.
・亀口憲治編（2002）：コラボレーション. 現代のエスプリ419. 至文堂.

（注1）＜相互コンサルテーション＞
　　異なる専門職間でコラボレーションを行うときに、各々の専門業務に対してのコンサルテーションを相互に受けること。例えば、コンサルテーションを依頼されたSCが、教師から情報提供を受ける中で、自分のカウンセリングやコンサルテーションという本来の専門業務への援助を受けること。教師側では自覚的でない場合が多いので、この逆コンサルテーションは厳密な意味ではコンサルテーションとはいえないが、結果的に相方向的にコンサルテーションが行われている。これを相互コンサルテーションと名付ける。

第3章 守秘義務と教職員のネットワーキング上の問題

　学校臨床心理士としての守秘義務を考えるべきポイントとしては以下のような観点が考えられる。(1) どのような原則でやっていくか話し合う。原則秘密というSCから、原則伝えるというSCまでいる。集団守秘義務という考え方もある（長谷川、2001）。(2) 信頼関係により情報の開示は変化する。(3) 相談係、養護教諭など相手により情報開示は異なる。その学校のその先生の立場、その先生のパーソナリティ、その先生とSCとの関係による。(4) 最終的な教育の責任者は校長であるので、活動の概容は報告する義務がある。つまり、"その"学校と"その"SCとの間で、取り決めていくものと考えられる。

　では守秘義務はどこで問題になるのであろうか？　守秘義務が問題となるのは、相談構造を作るために面接で得た情報をいかに扱うかという点で問題になるのである。そうすると、面接で得た情報の何をどのように伝えていくと有効かという観点で吟味されるべきである。ここで、個人面接の守秘義務と教師との信頼関係を形成し、相談構造づくりや学校システムに働きかけていく、という矛盾することを両立させなければならないが、情報を守るのは何故か、開示するのは何故か、という根本のところで考えると、何をどう伝えるかという答が見えてくるように思う。その点から言えば、集団守秘義務（長谷川、2001）のように考えると、その根本の姿勢を失うように感じられる。

　そこで筆者は個々の具体的な事実ではなく、体調や感情、生活の状況パーソナリティの機能、対人関係での傾向と家族関係などを伝えながら、「今はちょっと待った方がよいようだ」とか「こんな人にはこんなふうに反応するようだ」というような伝え方をすることが多い。生徒への理解が進み、関わりの指針が見えるような情報を伝える。生徒の描画や作品は守秘義務の対象にはならないと考えられるが、直接的にイメージで、生徒の内界を伝えられる働きがある。

＜参考文献＞
・長谷川啓三（2001）：集団守秘義務という考え方．臨床心理学，1(2)，159．

第5回

教師が語る「学校心理臨床に求めるもの」

花井正樹

はじめに

　平成7年にスクールカウンセラー（以下SCとする）が学校に配置された当初は、果たして閉鎖的な学校に受け入れられるのであろうかと疑問をなげかける人もいた。ところが現在では、教師のみならず一般の人々にも認知され市民権を得つつある。初期の予想に反して、SCが学校に受け入れられていった背景と、学校あるいは教師がSCに何を期待しているかについて考えてみたい。

1）学校に対する認識の変化

（1）戦前の状況

　国民の学校に対する認識や期待は時代と共に変化してきた。戦前は、学校は国民からの信頼と尊敬を受け、子どもも親も学校あるいは教師の指示に素直に従ってきた。その背景には、学校は国家統制の末端機関としての役割を果たしており、学校や教師の背後には国家権力が存在していた。つまり教師の権威は国家をうしろだてにして保たれていた面もあった。また「三尺去って師の影を踏まず」といった儒教の影響も強かった。第二に、学校は階級上昇の門戸の役割を果たしていた側面を見逃すわけにはいかない。すなわち生まれによって決定される江戸時代の身分社会から、努力によって勝ち取ることのできる学歴社会の到来を、国民が歓迎したからと思われる。その証拠に、明治5年（1872年）に学制が公布されると、明治24年（1891年）には就学率は50％を突破し、明治35年（1902年）に90％、明治43年（1910年）にはほぼ100％に達した。この間わずか38年であった。このような短期間に就学率が上昇した例は諸外国に照らしても例がないと思われる。第三に、日本の学校は地域共同体に根づいているところにその特徴がある。国家財政が必ずしも豊かでなかったわが国においては、学校建設に際しては地域共同体の物心両面にわたる協力なくしては不可能であった。また、日常的な学校の活動にも地域は

協力し、学校を支援するために親のみならず地域住民が勤労奉仕をしたり、寄付をしたりし、まるで寺社に寄進するような感覚で学校を支援してきた。まさに「おらが学校」という地域共同体に根づき、地域共同体の中心のひとつとしての立場を有していた。滝川（1994）は「わが国において学校は、知識的、階級的に上昇した彼岸への通路として、聖性と絶対性を付与されてきたと同時に、此岸の土着的な共同体の世界のなかに、地域の祭礼的な場としてみずからを一体化させることによって、おそらく、わが国の学校制度は急速に民衆を吸引し、近代化の道を歩むうえで、世界でもまれにみる非常な成功をおさめた」とこの間の事情を的確に指摘している。

(2) 戦後の状況

　敗戦により、学校に対するこれまでのような強固な国家統制は弱まった。それは同時に学校や教師は国家の権威をうしろだてにして子どもや親に接することができなくなったことを意味している。しかし、終戦直後は人々は貧しく、学校は貧しさからの脱出の道としての意義は残っていた。また、貧しさゆえに人々は支え合わなければ生きていけなかったために、地域的なつながりもまだ存在していた。その上、戦後は平和で民主的な国家を建設するために、それにふさわしい国民の育成という期待を学校は担っていたため、滝川のいう学校の聖性、絶対性は曲がりなりにも保たれていた。

　しかし、終戦後の教育状況は劣悪で、校舎が足りないため二部授業、三部授業が雨が降れば雨漏りするような教室で行われていた。また、本も学用品も不足し十分な教育が受けられないような状況にあった。ところが見方を変えれば、子どもにとってはすばらしい時代ではなかったかと思われる。親は生活に追われ子どもを監視している余裕はなかった。学校においても、新教育の方針に基づき、子どもの自発的な活動が尊重された。このような状況下で、子どもは親や教師の干渉を受けることなく自由に活動することができたと思われる。一方教師は、先述したように民主的で平和的な国家の担い手を育てるための教育を目指し情熱をもって教育に取り組んでいた。親は日々の

生活に追われ、子どもの教育は学校に任せ、学校を支持することはあっても批判したり否定したりすることはなかった。また、教育行政も細部にわたる方針を打ち出すことができず、学校現場に任す割合が高かった。そのため教師の教育活動の自由度は高く、創意工夫をこらした取り組みが可能であった。今から思えば皮肉なことに、教育条件の最も整わなかった戦後の一時期が、子どもにとっても教師にとっても一番よい時代ではなかったかと思われる。

　ところが1960年代に入ると経済が復興し、人々の暮らしも豊かになりゆとりがでてくると、親は自分が望む方向に子どもを向けさせようとし、子どもは再び囲い込まれるようになっていった。また、生活が豊かになるにつれ、地域共同体の絆は逆に人々を束縛するものと感じられるようになり、地域共同体の連帯は薄れていった。そして中井（1997）が「もはや地域社会の生活規範をもたない親たちによって、関心があるのは自分の子どもだけであった。しかも彼らは、自分自身の基準だけで子どもをしつけ、世話をしていくことになった。親たちの間に生まれた生活規範の相対化傾向は、よその子どもに対する親たちの相互不干渉を招来し、その結果、近所の子どもが危険な遊びや悪い遊びを行うことに対する防止力や抑止力を失うことにつながった」と述べているように、人々は社会のためではなく、個人の幸福の追求へと移っていった。自分の子どもだけはよい教育を受けさせ、よい会社に入れ、幸せな一生を送らせたいと考えた。そこにはかつてのような社会や国のためという考えは欠落していた。それは、敗戦によって個人を越えた国や社会へ同一化することへの強い拒否的な感情があったからであろう。

　地域共同体の衰退は、地域共同体に支えられていた学校にも大きな影響を及ぼした。佐藤（1997）は「公僕（パブリック・サーバント）という教職の制度的規程は、終戦直後は、民主社会の建設者としての公共的使命を表現していたが、高度経済成長を経た大衆社会においては、人々の私的欲望に奉仕する奴隷（サーバント）を意味するものへと転落している」と述べているように、国民と学校や教師との関係において質的な変化が生じた。つまり地域共同体が崩壊するにつれ、各家庭は孤立化し、各家庭は個別に学校に対する要求を突

きつけてくるようになった。一方、このような要求をしてくる親に対し、教師も不信を抱くようになった。このような関係は地域共同体と学校が一体であった時代に比べれば、相互に不信感を抱えた非常に脆弱な関係である。したがって、ちょっとした亀裂が入ると崩れてしまいそうな不安定なものであり、学校と家庭の間でトラブルが発生しやすい状況となった。

　現代においては、人々の生活はさらに豊かになり、地域共同体は崩壊してしまった。また、高学歴化も高まり、高校進学率は95％を越え、大学進学率も50％近くになった。そのため高校卒、大学卒はもはや希少価値を失い、高卒、大卒の資格は必ずしも幸を約束するものではなくなってしまった。残ったのは人並みであることから脱落することを恐れての高校、大学への進学である。また、知識の獲得は必ずしも学校でなければ得られないという独占性も失われてしまった。知識を得る場（学習塾やおけいこ塾等）は学校以外にも多数出現し、さらにはラジオ、テレビ、書籍、雑誌、インターネットなどを通して容易に得られるようになった。現実に不登校のため中学校も高等学校も行かないで、大検をとって大学に進学する子どもに何人も会った。これは子どもが学校へ行くことに意義が見いだしにくくなったことを意味している。森田（1991）は政令指定都市の中学2年生を対象とした調査から、何らかの理由で「学校へ行くのが嫌になったことがある」と答えた子どもは全体の70.8％に達したと報告している。この数字は、もはや不登校が特別な傾向をもったごく一部の子どもたちにおこる現象ではなく、中学校生活の日常的な現象として現れていることを示している。平成4年（1991年）に文部省が「不登校はどの子にもおこりうる」と発言するようになったのも同様の認識からと思われる。

2）学校は必要か

　現代の学校は、これまで学校を支えてきた地域共同体を失い、知識、技術を授ける場としての独占性を喪失し、明確な公共的使命をもてない状況に立

ち至った。そして「脱学校論」、「学校無用論」を説く人々もでてきた。しかし、学校でなければできないことも数多くある。例えば、地域の同世代の子どもが恒常的に多数集まる場は、学校をおいて他にはない。子どもの成長、発達を促進するためには、このような子ども集団は必要不可欠である。子ども集団の中で、子どもたちは競争したり、協力したり、時には喧嘩したり、いたずらをする中で、自己理解・他者理解を深め、リーダーシップ・フォロワーシップのとり方を始めとする対人関係のとり方を学んだり、集団の中で個性を活かしながら集団に貢献できる道を見出していくものである。ただ、これまでの学校教育では、子どもの内的な成長にはあまり関心が払われず、知識・技能の習得や社会規範の遵守に偏りすぎていたことは否めない。つまり、教育の「教」に力点が置かれ「育」が軽視されてきた。これからは「教」と「育」が統合された、文字どおりの教育が求められるであろう。「育」を重視した教育をすすめる上で、SCに対する期待は非常に大きいと思われる。

　次に、地域共同体が崩壊することによって新たな問題が発生してきた。地域共同体が機能していた時代においては、家庭内で問題が生じても、地縁的・血縁的関係のある人々がサポートするシステムが働いていた。また、子どもに対しても、地域全体で子どもを見守り育てていく力があった。しかし、現在においては家庭内に問題が生じても、誰ひとりとして介入しようとしない。唯一残された受け皿があるとすれば、それは学校ではないかと思われる。しかし、親にとっても、学校は依然として敷居の高いところであり、気軽に入っていける場ではない。何か「入場券」が必要なのである。多くの親は、学校でのささいな出来事を「入場券」として入ってくるように筆者には思われる。何でもないことに烈火のごとく怒って学校に怒鳴り込んでくる親が年々増えてきた。じっくり腰を据えて聞いていると、最初は学校でのささいな出来事に対する批判や苦情を訴えていた親が、やがては自分自身の悩みを話し、これを受け止めてもらえると安心し笑顔で帰っていく場面に何度も出会うようになった。以前であれば近所のおじちゃん・おばちゃんか村の長老か僧侶の果たしていた役割ではなかったかと思われる。子どもも同様で、家庭内の

問題を学校にもち込み、問題行動という手段を使って、教師の注意を引き付け、教師に不安や不満を受け止めてほしいと意識的・無意識的に訴えてくる子どもたちも急増してきた。つまり、これまで地域共同体が果たしてきた役割の一部を学校が担わなくてはならない時代が到来したともいえる。ただ、このような役割を教師はこれまで担ったことがないため、適切に対処できなかった。そのため親や子どもの期待を裏切ることになり、彼らの怒りを一層高めることになった。学校バッシングや子どもの「荒れ」の背景には、このような理由があると考えられる。SCに期待されているのは、このような問題の解決もその中に含まれているであろう。

これまで外部の人間の侵入を阻み鎖国政策のような体制を保ってきた学校も、これ以上自力では解決できないと感じ始めた時期に、SCの導入が決定されるという絶妙のタイミングであったと思われる。だからこそ、導入当時心配された学校の抵抗は予想外に少なかった。しかし、これまでは学校もSCとは何者であり何ができるのかを探っているお見合いの段階であった。学校側のSCに対する理解の深まりと共に、これまで遠慮してもち出してこなかった難問を次々と提示してくるようになるであろう。となるとSCとしては、学校に対する理解を一層深め、学校の期待に応えられるよう準備しておく必要がある。

3) 学校組織の特色

前述のような期待を担ってSCが入っていく学校は、外から見ただけでは理解できない面があり、また心理臨床家の目から見ると理解に苦しむことがらに直面することもあると思われる。しかし、学校を理解できなくてはSCとしての力を十分に発揮することはできない。そこで以下に学校を理解するための手がかりについて、いくつか挙げてみたい。

第一に、教職は専門職と言われているが、これを支える理論的支柱を欠いている。教育学とか教育心理学がそれに該当するのではないかと思われるか

も知れないが、医者にとっての医学、建築家にとっての建築学、心理臨床家にとっての臨床心理学とは異なる。確かに教師も部分的には関連の学問や理論を利用することがあるかも知れないが、あくまでも部分的である。とくに子どもの心の問題についてはこれらの学問や理論は、あまり有効性をもち得ないと教師は感じている。これは多くの研究者が現実遊離した高尚な教育原理や理念のみの教育論をもっぱらすすめてきた結果である（最近は学校現場に即した研究も行われるようになってきたが）。この点に関しては教師側にも責任があり、これまで学校に外部の人間を入れないといった鎖国政策をとってきたためである。ともかく教師は子どもを理解するための明確な理論を有していない。それは子どものことを語るための概念規定された専門用語をもっていないということでもある。そのため日常用語で教師間のコミュニケーションがなされるため、共通理解ということが教師の世界では強調されているにもかかわらず、個々の教師が自己流に解釈し、実際には共通理解が非常に難しいのである。

　理論を欠いているということは、カウンセラーにおけるスーパーバイザーも存在しないということである。本来ならば管理職がその役割を果たすべきであるが、そのような存在ではない。そのため子どもの問題を抱え困っている教師にとっては、理論的な支えもスーパーバイザーも存在しないことになる。これはまた、外部からの学校批判に対しても理論的に反論できないことを意味している。学校バッシングに遇ってもたたかれっぱなしなのはそのせいである。近年、教師のノイローゼ、うつ病、心身症が増加し、休職するケースが多くなったのは、このような事情があるからと思われる。

　第二に、理論的な背景を有しない教師は、まったく無原則な教育を行っているかといえばそうではない。培われてきた長年の経験を基に一定の法則を立て、これを基に教育実践をしている。しかし、なぜそうするのかと問われると、筋道を立てて理論的に答えることが難しい。生徒指導のベテラン教師の話を聞いていると、なるほどと感心させられることが多々ある。しかし、それを言語でもって理論化できないためにせっかくの財産を他者に伝えるこ

とが難しく、その人だけの名人芸に終わってしまうことが多い。これは教師の実践研究においても同様のことが言える。このような実践をしたら子どもたちがこのように変化しましたという報告が非常に多い。そして肝心のなぜそのような実践をすると子どもたちがそのように変化するかといった部分がブラックボックスのままなのである。したがって実践研究の積み上げができず、毎年名称（研究題目）は変われど同じような実践報告が繰り返されることになる。また、教師自身理論的なバックボーンを欠いているため、大なり小なり内心不安を常に抱えている。そのため周囲の様子を眺めながら行動せざるをえないのである。正に農耕民族的な行動様式をとっているといえよう。

　第三に、教育の目標は教育基本法に明記されているが、抽象的な表現であり、またそれを達成するための手段や理論を欠いているため、単なるお題目にとどまっている。また、各学校がそれぞれ教育目標（校訓とか学校努力点など）を掲げているが、これも同様に単なる標語にしかすぎないのである。つまり目標も表現が抽象的で具体的にどのようなことを指しているのかあいまいであり、また、目標達成のための手段も欠いているということである。目標があいまいであるということは、教師の教育活動の成果を評価する基準がなく手ごたえも感じにくいということでもある。また、教師としての評価も非常に難しくなる。何をもって優秀な教師であると判断できるのかといった基準があいまいなのである。

　第四に、会社組織のようなヒエラルキーが存在しているように外見上見えるかも知れないが、校長・教頭・教務主任以外はかなり不明確である。学年主任・生徒指導主事・保健主事・教科主任等々の校務分掌上の役職があるが、必ずしも校務分掌上の上下関係にあるとは限らない。また、役職の仕事内容も一応の規定はあるものの、担当した教員のパーソナリティによって内容はかなり異なってくる。したがって肩書きだけで仕事の内容を即断できない。例えばSCと教職員とのつなぎ役を果たすことの多い教育相談係の教師のことを例にあげても、学校によって千差万別である。必ずしもそれに適した人を配置しているわけではないし、また担当者の考え方によって仕事の内容は異

なってくる。

　また、教師の社会は会社社会と比較すると、基本的には平等意識が強く、とくに中学校においてその傾向が強いが、上下関係が不明確で、指揮命令系統もあいまいである。そのため、責任ある立場の教師に伝えたから、その下の教師にも当然伝わっているはずだと考えるのは危険なことである。したがって、SCは学校の教員組織の動きをよく見極め、どのようなメカニズムで教員集団が動いているかをしっかり見極める必要がある。

　第五に、上記のことと関係があるが、毎年職員の移動があり、職員構成が変わると学校の雰囲気や職員の動きががらりと変わることがある。もっともはっきりしているのは部活動の顧問の転勤である。これまで全市的・全県的に活躍していたのが、指導者が転勤すると急に実力が低下してしまう。このような現象は他の面でも同様である。例えば、教育相談に熱心に取り組んでいた優秀な教師や養護教諭が転勤すると、急に教育相談に対する関心や活動がしぼんでいってしまうことがある。したがって今年はこうだから来年もと考えることは危険である。とくに新設校の10年目あたりの時期は大変である。同じ学校に勤務できるのは10年（地域によって多少異なるが）と決められている。そのため新設校の場合、すばらしい学校を作ろうと情熱をもって赴任してきた教師が、10年目近くなると徐々に転勤し、初期の頃の教師がいなくなると学校の雰囲気はがらりと変わってしまうことが往々にしてある。この点も注意しておかなければならない点である。

　第六に、学校は地域住民、とくに地域出身の議員や有力者の意向によって大きく左右されることがあるということである。最終的な決定権は校長にあるが、明確な理論をもってこれに対抗できれば別であるが、現実にはそのような武器をもっていないために押し切られてしまうことがある。この間のやりとりは管理職だけでなされることが多いため、一般職員はなぜそのような決定がなされたのかよく分からないまま実施に移されることが多い。ましてやSCにはその間の事情は全く分からない。

　以上のような事情により、SCにとっては、学校という対象は把握しづらく、

あるSCは「学校はキングギドラのような化け物でつかみどころがない」と語っていたのが印象に残っている。

　学校の得たいの知れなさも、子どものニーズに十分に対応できないのも、教育活動を支える明確な理論を欠いていることによる部分が大きいと思われる。したがってSCは教師と力を合わせて、河合（1995）が提唱しているような、臨床教育学の構築を目指してもらいたい。そして高い専門性を身に付けた教師が、自信と誇りをもって意欲的に仕事に取り組めるようになってもらいたい。そうなって初めて子どもや保護者から信頼され、教師の権威も回復されるであろう。

4）教師文化の特色

　前述した学校組織の特性の背後には、教師独特の文化ともいうべきものが影響していると思われる。教師文化とは何かと問われても、なかなか明確に答えることは難しいが、教師独特の雰囲気、つまり「教師らしさ」「教師くささ」といってもいいかも知れない。佐藤（1994）は教職の特徴を「再帰性」、「不確実性」、「無境界性」の3点を挙げているが、これらを参考にして、いくつか挙げてみたい。

(1) 矛盾性

　人々の教師に対する要求や期待は過大でしかも矛盾に満ちている。教師の権威的・威圧的な傾向を批判しながら、毅然とした態度を子どもに示せと要求し、子どもを厳しく躾けてほしいと要望しながら、子どもの自由を尊重するよう求め、教師の欺瞞的な態度を批判しながら、高い道徳性を期待し、教師の専門的な知識や技術の不足を嘆きながら、教師は専門家であるよりは人間的に優れていることを求め、学業成績の向上を強く要求しながら、勉強だけが教育ではないといった様々な矛盾した要求や期待をする。このように様々に異なる意見をもった人が存在するだけでなく、同一の人が矛盾したことを

要求してくることもある。

　こうなると教師は人々の要求に応えても応えなくても批判されることになる。この問題を回避する手段として、外に向かっての発言を抑え、外部の人間を学校から排除したり、教室を密室化するしかない。教師間でも同様で、他に影響が及ばない限り、お互いに学級運営や授業に関しては干渉しあわないという不文律がある。したがって保護者にはもちろんのこと同僚の教師や管理職にも教室内には特別な事情がない限り立ち入らせない。しかし、このような方法で他者からの批判を免れることはできても、自分自身をごまかすことはできない。また、子どもの前で自信ありげに振る舞っていても、心の奥には常に本当にこれでよいのかといった不安が存在している。それ故に自信のない教師ほど、反動形成的に自信ありげに尊大に振る舞うのである。

(2) 同質性

　学校内には教師以外の職種の人々が非常に少ない。病院内における医師や会社内における営業マンと比較すればこれは明らかであろう。つまり、学校はまったく教師主導で運営されているのである。裏返して言えば、教師は学校内の他の職種の人々の意見や考えを聞いたり影響されたりすることが非常に少ないことを意味している。その上学校外の人との接触も少ないのでその傾向は一層強くなる。せいぜい保護者と会うぐらいである。また、仕事を離れても教師同士の付き合いが非常に多い。それは教師が教師以外の人と出会っても、相手は教師という既成概念を取り払って付き合ってくれることはまれである。そのため教師は本来の自己の表出が難しくなる。かえって教師仲間の方がまだしも教師の衣を脱ぎやすく、自分らしくいられ居心地のよさを感じられる。そのせいもあってか教師同士の結婚が非常に多い。おそらく教師同士の結婚は、あらゆる専門職同士の結婚のうちで最もその比率は高いと思われる。その上、親が教師である、あるいは教師であった教師も多く、中には親戚に教師が何人もいるといった人も珍しくない。また、学歴もほとんどが４大卒で、職務内容も基本的には同じである。また、新米教師も同僚の教

師から「○○先生」と呼ばれ、基本的には同等に扱われる。つまり、教師集団は非常に同質性が高く、しかも教師以外の人との接触が少なく、教師仲間との接触が非常に多く、他業種の人の影響や批判を受けることも少ないため、教師特有の文化が形成されやすいと思われる。筆者が新米教師の頃、職員旅行である観光地を訪れたときのことであるが、先輩教師が、近づいてくる一団を見かけて、「あっ、同業者だ」といった。一目で教師の一団だと見抜いた先輩にもびっくりしたが、何よりも教師には教師独特の雰囲気が存在することに驚いた。

(3) 再帰性

佐藤（1994）は教職の第一の特徴として再帰性を挙げている。再帰性とは、教師が子どもに何かを教えれば、その言葉は教師自身を拘束することになる、まるでブーメランのように。例えば、子どもに道徳的であることを強く求める教師は、自らが道徳的であらねばならなくなる。それは学校内にいるときだけではなく、街中にあっても、いつ子どもや保護者に出会うかもしれないため、教師のペルソナをかぶり続けなければならない。さもないと子どもはその教師の指導に従わなくなってしまう。その教師が心底そのように考えている場合はまだしも、それほど道徳的でなくてもよいと考えているが、教師という立場上、子どもに道徳的であれと説く教師にとっては、自己矛盾が生じ苦しくなってしまう。それでは自分に正直に行動しようとし、子どもに自分の本心を話せば、他の教師や保護者から批判される危険性がある。一番楽な方法は自分の本心を隠して、教師文化にどっぷりと漬かり惰性のままに流されることである。

(4) 不確実性

佐藤（1994）は教職の第二の特徴として不確実性を挙げ「教職は「職業病的な不確実性」に支配されている。ある教室で効果的であったプログラムが、別の教室で有効に機能する保障はどこにもない」と述べている。佐藤は教師

が直面する問題が複雑で、教育の科学的な理論や技術では対応できないことを強調しているが、現実は実際場面に有効性を発揮できる理論がないことに起因している。心理治療においても、一定の理論に基づきながら、クライエントに応じまたカウンセラーのパーソナリティに応じて多様に変化させながら行われるものである。結局、教職は他の専門職と比較して、明確な理論や技法が存在せず、仕事に対する評価も恣意的であるところに問題があるのである。教育実践を背後から支える明確な理論を欠いているため、教師は自信をもって教育活動に取り組むことが難しい。たとえすばらしい授業であっても、一定の理論がないため何とでも批判できるわけである。つまり、どこからでも批判される無防備な状況に置かれているともいえる。したがって、どんなに優秀な教師もたえず外からの批判に対する警戒を怠らないように身構えていなくてはならない。この不確実性は、教師を常に不安と孤独の状況に追い込み、本来は開かれた空間であるべきはずの教室を、閉じられた私的空間にしてしまいがちである。そして唯一、授業参観のときのみ、よそゆきの教室が開かれるだけになってしまう。同じ理由で学校も外の社会に対し閉鎖的なのである。

　頼りとすべき理論をもたない教師は、文部科学省や所属の教育委員会の通達やガイドラインを過度なほど尊重しこれに頼ろうとする。最近、文部科学省も学校の自由裁量に任す傾向がでてきたが、学校は独自の判断を下すことができず、文部科学省や教育委員会にガイドラインを示すよう要求するという、時代に逆行するかのような傾向さえある。

　また、教師は子どもに学問を教えながら、理論や学問に対する不信が根強い。これは教師が教育を実践する上で、教育学や教育心理学が有効性を有していないと認識しているからである。その裏返しと思われるが、経験に基づくマニュアルや方策を重視する傾向にある。

　理論を欠き本質が見えないために、目に見えるもの形として表れるものに過度に目が注がれる。つまり、テストの成績、服装、態度といった外見に目を奪われ、子どもの心の内を理解することにはあまり努力が払われない。近

藤（1994）は「筆者はこれまで200人あまりの教師について調査を行ってきたが、それらの結果が一貫して示したものは、教師の視点のほとんどが「子どもがきまりを守れるか否か」という視点と「子どもが学習能力があるか、学習意欲があるか」という視点に集約されることであった」と述べていることと一致する。

(5) 権威性

久冨（1998）は「学校というところは、少数ないし一人の教員が、多数の生徒たちを相手にし、彼ら（生徒たち）がもともと必ずしも好んでいない学習活動へと導かねばならない。その状況が教員の特別の権威と、教員による生徒に対する統制を不可避にしている。したがって、ディシプリン（統制の生徒への内面化過程）に失敗すると、教授活動においても失敗するだけでなく、父母・住民からの信頼を決定的に失う原因となる。また皮肉なことに、生徒からの信頼や尊敬をも急速に失うことになるのである。その意味では、教員がディシプリンに特別の関心を示すのは、その仕事の性格に起因する当然のことであり、そこに教員たちの苦心があり、苦悩もあるのだ」と述べている。つまり、教師が教育活動を行うためには、権威をもって子どもの前に立たなくてはならないのである。ひとたび権威を失うと次々と権威を喪失し子どもから全く相手にされなくなるのではないかといった恐怖感がある。その背後には、教師が子どもに伝えようとしている事柄の中に、教師間では常識になっていても、子どもを納得させるだけの理論的裏づけのないものが含まれているからである。例えば、教師がよく言う言葉に「服装の乱れは心の乱れだ」という言葉がある。しかし、子どもからすれば、これは教師側の勝手な理屈で納得しがたいであろう。教師が子どもの疑問に誠実に答えようとすれば、つぎからつぎへと子どもから質問が出され、教師は窮地に追い込まれ権威を失うことになるであろう。だからこそ教師はこの点にこだわるのである。教師が子どもの前でもお互いを「先生」と呼び合ったり、他の教師を擁護するのも、共同して教師の権威を保持するためではないかとさえ思われる。

大人の介入を拒み、大人に対する批判が最も高まり、大人との良好な関係を結ぶことが難しい思春期の子どもを相手にする中学校の教師は、教師としての権威を保つのは想像以上に難しいことである。しかも、教師の権威を支える地域共同体は崩壊し、逆に教師はバッシングの対象とされ、教師の権威の保持は非常に難しい状況にある。

　教師が子どもから信頼され権威を獲得するためには、子どもを真正面から受け止め悪戦苦闘することを覚悟しなければならない。しかし、教師は雑事に追われ実際にはなかなか実行できない。外部の目からは、教師は夏休みを始めとした長期の休みがあり、授業さえしておれば毎日が過ぎていくかのように思われている。しかし、実際には授業の他に教材研究、校務分掌上の様々な仕事、それにまつわる会議、集金や統計等の報告書の作成、子どもが問題を起こせば子どもへの指導や家庭訪問等々の仕事が山積している。部活動の顧問をしている教師は、休日も練習や試合のため自主的に出勤しなければならない。通常の日であれば、授業後部活動を指導し、子どもたちが下校した後、様々な仕事を処理しなくてはならないため、当然帰宅時間は遅くなる。時には仕事が処理しきれなくなり家にもち帰ってしなくてはならないこともある。時々新聞紙上で、家に通知票をもち帰ったために盗難にあったり紛失したといった記事が掲載され、厳しく批判されることがあるが、これも教師の多忙さを表わしているものと思われる。教師は上記のような学校内の仕事以外に、外部の様々な委員会や公的・私的な会合があり、忙しさに一層の拍車をかけている。

　このような多忙さに対する安易な方法としては、子どもに媚を売るか有無を言わせず強圧的に接するかのどちらかとなりやすい。子どもに媚を売れば、子どもとの関係はとれるものの、子どもからの信頼は得られず結局は権威も失うことになる。一方、強圧的・威圧的に接すれば、子どもたちは表面上教師の権威を認め教師の指示に大人しく従うが、いったん教師と生徒の力関係が逆転すると一瞬のうちに学校は崩壊する。それがわかっているだけに教師は過度に権威にこだわり、子どもに対し威圧的になるのである。

(6) 無境界性

佐藤（1994）は教職の第三の特徴として、無境界性を挙げ「教師の仕事の「無境界性」は、職域と責任の無制限な拡大と同時に、専門性の空洞化を導いている」と述べている。しかし、実際は逆で、専門性が確立していないために、何ができ何ができないのか、またできるとしてもここまでといった限界設定ができないのである。そのため保護者や国民の要望のままに、できるできないにかかわらず、その職域が拡大していったのである。その結果、日本の教師は授業だけに限定されず、部活動、進路指導、教育相談、子どもの生活全般に至るまで多岐にわたる仕事を担わざるをえなくなってしまったのである。仕事の内容が多岐にわたるだけでなく、ひとつひとつの仕事の内容はどこまでも深く境界が不明確である。ここまですればよいといった境界がはっきりしないのである。

多様な仕事をこなすということは、非常に疲れるものである。そのため、子どもの心を理解して対処するゆとりがなく、機械的に問題を処理しがちになる。このような場合はこのように処理する、このような問題を起こしたらこのような処分をするといった慣例がどの学校でも暗黙のうちに作られている。しかも、なぜそのような対応をするのかの理論的根拠は明確にされていないことが多い。

また、多様な仕事に忙殺されているために、教師にとって最も大事な授業のための教材研究、自主的な研修のための時間は削減され、教師としての専門性を深めることができず、やがては断念されてしまう傾向にある。教職は専門職だと言われながら、その専門性が薄いのは、このようなことも理由のひとつとして挙げられるであろう。

(7) 使命感

昔から教師は、個人の利害を超えて、社会と文化の建設に貢献できる仕事であると思われてきた。社会的使命感をもち国民からもそれを期待されていたればこそ、薄給に耐えながらも教師は頑張ることができた。現代における

教師の最大の危機は、教育を通して何をすべきかといった使命感の希薄化にあると思われる。明治時代の教師の誇り高き自負心は、近代国家の建設という使命感に燃えていたし、戦後初期の教師も、平和で民主的な国家の担い手を育てようとの意気込みに満ちていた。しかし、価値観が多様化し先の見通しがつかない現在、教師の社会的使命が見出しにくくなってしまった、教育に夢を見出しにくくなった。これが現代の教師にとってもっとも大きく深刻な問題だと思われる。

これは教師だけに責任がある問題ではなく、日本の社会や文化の構造的な問題であり、日本国民全員が背負うべき問題である。それにもかかわらず、その責任を人々は学校に負わせ、学校を非難することで責任を回避しようとしているように思われる。不登校もいじめも非行も学力の低下もみんな学校のせいであるといわんばかりに。教師としてはいわれのない批判を浴び、教師としての尊厳を傷つけられ、国民に対する不信感を抱くようになった。このような状況の下では、教師も教育に情熱を注ぐことは難しいと思われる。

(8) おわりに

先述したような教師と一般国民との間の相互不信を何とか乗り越えなくてはならない。これは非常に大きな問題であり、どこから手をつけてよいのか分からないが、まず手始めに教師は日々の教育活動を見直すことから始めたらどうであろうか。長年の教育実践から得られたノウハウを、SCの協力の元に、理論化を進めながら教育のあるべき姿を模索していくことである。多くの教師がこれまでのようなやり方では教育はできないということに気付き始めてきたため、SCの差し伸べる手を握り返してもらえる機会は以前に比べればずっと多くなったと思われる。

教育の危機が叫ばれるようになって久しいが、これといった有効な手が打てず手づまり状態に陥っている。そこへSCの学校への導入という画期的な施策が実施された。SCによってこれまでの教育のあり方が急激に変化するといったことは期待できない。しかし、SCの協力により、教師が新たな視点を

もつことにより、21世紀にふさわしい新しい教育を再構築していくきっかけになってもらえるものと大いに期待している。

<参考文献>
- 滝川一廣（1994）：家庭のなかの子ども、学校のなかの子ども．岩波書店
- 中井孝章（1997）：高度経済成長期の子ども．高橋勝・下山田裕彦編著，子どもの＜暮らし＞の社会史．川島書店．
- 佐藤学（1997）：学びその死と再生．太郎次郎社．
- 森田洋司（1991）：「不登校」現象の社会学．学文社．
- 河合隼雄（1995）：臨床教育学入門．岩波書店．
- 佐藤学（1994）：教師文化の構造．稲垣忠彦・久冨善之編，日本の教師文化．東京大学出版会．
- 近藤邦夫（1994）：教師と子どもの関係づくり．東京大学出版会．
- 久冨善之（1988）：教員文化の社会学的研究．多賀出版．

第6回

学校心理臨床の研修のあり方

定森露子

第1章　学校に役立つ研修

1）研修を見立てる

はじめに

スクールカウンセラー（以下SCとする）が学校に入ったときに、多かれ少なかれ、好むと好まざるとにかかわらず、各種研修を依頼されることが必ず出てくる。こうしたときに簡単に引き受けてしまったり、逆にその場ですぐに断ったりなどしないようにしたい。「研修の依頼」があったということ自体、そこにすでに学校とSCとの関わりが始まり、お互いが理解しあえる貴重なきっかけであると考えられる。

臨床心理士は研修というと自分が経験してきた心理学系の内容を思い描くが、SCとして学校で実施する場合は、あくまでも学校に役立つものでなくてはならない。内容について様々な工夫が必要になってくるし、また実施に際しては「学校」という枠組みを尊重することが大切である。

(1) では、研修を引き受けるか断るかを決めるまでに確認しておきたいことについて、(2) では決定までのプロセスと具体的な内容について、(3) では様々な研修形態と内容について、(4) ではその中でも今後学校にとって重要となってくると考えている事例研究について、演習を含めて述べる。

(1) 学校の状況と研修依頼の背景

●1●依頼のルート

研修の依頼があったときにはまず「依頼」そのものについて確認したい。①依頼は誰からか、その依頼者の学校での立場は（公式・非公式）②依頼のルートは③決まったことなのか。この確認の過程で、学校の状況がはっきりしてくることもある。

トップダウンの色彩が濃い学校であったり、何ごとも決定があいまいな学

校であったり、職員が自由な感じをもっているのか、不満を感じているのか、等々。そのことはこの後研修についてどのように話を進めていくのか、あるいは研修の内容を考える際の参考にもなる。

●2●学校にとっての必要性

依頼された研修の学校にとっての必要性を把握しておく必要がある。学校としてはSCによる研修はあまり必要とは感じてないが、何か研修をしなくてはいけないからするというときから、必要性を切実に感じて実施したいときまで幅がある。またこの必要性の認識は管理職と一般の教員、相談担当の教員、等々個人差も当然あるので、そこも丁寧に観察しておくとそのあとが進めやすい。必要度が低いときは期待もあまりされていないだろうし、必要度が非常に高いときは期待もとても大きいということである。多くはこの両者の間のどこかに位置づけられていると思う。必要性の低いときは当然相当の工夫をこちらがしないと、学校の反応は悪い。学校にやる気がないんだと腹を立てても仕方ない。また逆に期待が大きすぎるということは不満をもたれやすいということでもあるので必要性、期待度を把握しておくことは大切なことである。これは期待されてないから手を抜けばいいというものでなく、期待されていないときほど学校の必要度を掘り起こしたり、あるいは時にはSCとしての独創性が発揮できる研修内容にすることができるともいえる。

●3●研修依頼の背景としての学校状況

依頼内容は意識しているにしろ、無意識にしろ、期待してなくても、しているときはなおのこと、学校の状況を反映している。学校（教師）として不登校とか非行とかいった生徒の問題行動に振り回されていたり、あるいはそのことで教師が精神的に追いつめられていたり、チームワークが乱れていたりといった教師の今関心のあることかも知れない。どうしてこのテーマが浮かび上がってきたのかということについて、思いを馳せてみることが必要である。

第2回の「学校を見立てる」にあったように、研修というほんの小さい学校行事にも、学校全体が現れているし、またSC自身も現れるのだと考えてい

る。

（2）学校臨床心理士の状況

　自分が何ができるか、何を得意とするか、どういったことをこの学校でやってみたいか、といったことについて、日頃から関心を払っていく必要がある。またそれが、どれくらいのレベルであるかといったことにも自己評価できていると、研修の依頼があったときに話を具体的に進めやすい。「何でもいいから何かやって下さい」といったようなニュアンスの依頼もある。そんなときにSC側に「何か」がイメージされてくると、学校側も助かるかも知れない。また自分自身に関してだけでなく、自分が頼める友人・知人も把握しておくことも大切である。

２）必要な研修の決定と実施

（1）決定までのプロセス
●1●誰と話をすすめるか

　研修の依頼の話を進めていくときは、学校という組織を常に意識しておくことが大切である。依頼があったときには、まずこの話は今後誰と進めていけばいいかといったこと、また返事をいつまでに誰にするのかを、依頼してきた先生と話しあっておくこと。最初に話をもってきた先生は窓口的先生や研修担当の場合であることもあるし、代わりにちょっと打診をという場合もある。その上で、SCとして研修を考えていくときに一緒に計画に加わってほしいと思う先生（セクション）があれば、提案していくのも良い。話しやすい先生とだけ話をして、計画を決めてしまわない方がよい。SC活動の窓口となってない先生からの話であったときは、窓口の先生に話があったことを伝えておきたい。PTA向けの場合は教頭先生からということが多い。

　また外部への研修の依頼もあって、そのときはさらにしっかりと確認しておく。このときに、外部と直接話をしていって下さいということであっても、その結果については始めに話をもってきた先生に報告することが組織の中で

の意志決定では大切である。
●2●公式か非公式か
　この研修が現職教育といったような学校の正規活動の中に位置づけられているのか、あるいは任意という形をとっているのか、また任意であっても、半ば強制のニュアンスが強い場合もあり、それによって、人数や、参加意欲に差が出てくる。開催時間も違うだろうし、内容も計画のすすめ方も違ってくる。非公式の場合は、窓口の先生とも相談した方が良い。
●3●内容の検討
　学校が研修の中でしてほしいこと、必要としているものを研修担当の先生と話し合いながら見つけていく。同じ言葉でもおのおのイメージしていることが違っていることは多々あるので、具体的な言葉で確認していくこと。「不登校児の理解」とかいっても、どうしたら学校に来させられるかといったことから、何考えているんだ？　病気との区別？　たまに顔出すと決まって明日は絶対出てこいよと言ってしまう教師がいて困る……、といったように様々である。何が知りたいのか、知ってどうしたいのかといったところまで話ができていくと良い。
　講義なのか、ロールプレイ的なものか、事例研究なのかなど、形態についても聞いておく必要がある。
　このあたりまで話が進んだら、自分が引き受けるのか、断るのか、あるいは外部の人に依頼してもらうのかを決めなくてはいけない。決められないときは、理由をいって何時までに返事をするかということを伝える。

（2）研修内容の決定と実施上の注意点
●1●内容・実施方法の決定
　研修を引き受けることになったら、内容や実施方法について、担当の先生と話し合っていくことになる。学校の状況や自分の状況を参考にして（1)研修を見立てる)、内容を決めていく。研修の種類については3）で詳しく述べる。学校の状況によっては、学校の要望がSCと大きくずれていることもあるが、

学校の要望をすぐに否定せずに、どうしてそうしたいのかを聞いていくことが大切である。代案を出したり、少し変更案を出したり、時には学校の要望どおりの内容にしたり、などSC側の柔軟性が必要である。このことは、学校の見立てを修正していく過程でもある。

次のような例ではSCである私は、どんな研修をしたらいいのだろうか。

＜例1＞
SCはこの学校は「頭でばっかり考えて行動が遅い先生が主流」なので、「実際の対応をテーマにして事例研究を」したほうがよいと考えていたが、学校は「思春期の特徴について話をしてほしい」という依頼だった。

＜例2＞
教頭先生から、「何かひとつ、何でもいいからやって下さい」と職員室で立ち話的に言われた。

● 2 ● 広報

研修を学内でどんなふうに広報してもらうのかも、話しあっておいた方がよい。学校でできること、SC側でできること、両方から考えたい。SCが教職員向けの「たより」のようなものを作っていたらそこに内容の案内を書くなどして、事前に少し案内をしておくと、関心をもってもらいやすい。最低でも職員室の黒板には当日の行事として大きく書いてもらおう。

● 3 ● 時間

教職員対象の研修は原則一授業時間で収まる内容の組み立てをする。研修の時間を生みだすことは、背景として学校の企画者・管理者に相当の努力（対生徒、対保護者、対教師）があることを理解し、敬意を払いたい。どんな対象であっても、時間は厳守。とくに終了時間には気をつけなくてはいけない。話の流れなどで延長しやすいが、必ず予定時間で終わること。たとえ数分であっても終了が遅れるときは、きちんと了解を得ること。個人的には2〜3分前に終わると心地よい。延長しても5分までかと思っている。

● 4 ● 資料

研修の場で膨大な資料を出し、その時間内で理解してもらうことは不可能

と思った方が良い。資料が多いときは前もって配布し目を通しておいてもらうか（教師は忙しいのでこれはあまり期待できない）、その場で配り、要点だけ話し、あとは必要になったときに見てもらうようにする。そのためには、資料の作り方に工夫がいる（これは、教師の得意分野、SCが見習いたい）。

● 5 ● 会場

多くは会議室でなされるが、そのときは机の有無、数や配置、黒板の位置などについて積極的に希望を伝えておくこと。なごやかな感じがほしいのか、ある程度の緊張感がほしいのか。大勢でのロの字形は疎遠な感じ、広い部屋に少人数は盛り上がらない、……このあたりも、先生の得意分野なので相談したらいい。自己理解的な要素の強いときには、和室・絨毯敷きなどの部屋もいいが、学校にはあまりない。

● 6 ● 報告・感想

実施した側の感想は何らかの形で伝えたいし、また参加者の感想も聞いておきたい。

3）研修の種類

（1）知的学習

教職員が子どもや保護者をより理解し、自信をもって対応できていくために必要と思われる心理学の知識を伝えるといった、いわば座学である。思春期の理解、非行・不登校・摂食障害（とくに高校）・発達障害（軽度発達障害等）などの「問題別理解」、トピックス的な「虐待」、「カウンセリングマインド」などについての話をしてほしいといった依頼があることが多いのではないかと思う。話をするときは心理学用語に終始せず、一般用語で話すことが大切であり、また、今学校が気になっているケースを例に出しながら話を進めていくといったように知的なものに、体験を加味させていくといった工夫をすると、納得してもらいやすいし、退屈な話も身近に感じてもらいやすい。また、話の中に学校で対応できること、してほしいこと、学校だからこそでき

ることもきちんと伝えていく必要がある。学校が困っていること＝子どもの問題＝医学的診断ないし心理学的に定義＝学校では対応できないあるいは学校外の専門家が対応するものだという図式にならないように、話の内容を工夫する必要がある。

(2) 体験学習

子どもや保護者に関わる教員が、まず自分自身の特徴をよく知り、自分と他者の関係の中で生ずる感情に開かれ、相手をありのまま受け止めていけるようになるための自己理解を主たる目的にした研修では、カウンセリングの基礎訓練にある、共感をもって話を聴くことや適切に応答する訓練、あるいは感覚を通して、人や世界への安心感を体験するワーク、あるいは対人関係ワークショップなどのプログラムから、自分が見立てた「この学校」の「今」必要なものを選択していく。できれば、自分が研修生として体験したものが良い。

(1) リラクゼーション…研修のはじめに導入として実施することもよい
(2) 人間関係を見つめる…象徴化、対人関係地図を描く
(3) 自分を知る…感情曲線を描く、
(4) 聴く、応答する…ただ聴く、言い換え、オーム返し
(5) 感覚・ボディーワーク…感覚覚醒、ブラインドウォーク、サークル
(6) ロールプレイ…できるだけ役割、性格、対応などを細かく決めておいた方がやりやすい。評価的、批判的雰囲気が強い学校等では実施に対しての教職員の心理的抵抗が大きい。そうした場合は、和やかな、お互いを尊重しあうという雰囲気づくりが重要となる。

(3) 事例研究

●1●事例研究とは

事例研究とは、事例を通して、参加メンバーが自らの指導方法や考え方を振り返り、学ぶ場である。参加する者の姿勢で学び方も違ってくる。自らが

学ぶ場であり、「正しい指導方法」を見つける場ではない。会議でもない。会議は責任者がいて、対応策などを決定し、決定されたことは遂行されなくてはならないものであり、組織の中の役割、位置づけは明確になっている。学校組織の中には、会議は幾つかあるが、決定事項のない事例研究会といったようなものはあまりない。形式はいろいろあり、インシデント・プロセス法やホロニカル・スタディ法による事例研究はここに分類される。

●2●事例研究の意義

事例から学ぶという姿勢がまず大切である。ひとつの事例を個別の事例としてとらえることは、実際の事例に接したときに、それを個別の問題として考えることができるようになる。

また、参加メンバーの対応法を出し合うことで、実践の客観化と技術の蓄積化、共有化が図られていくことになる。

研究であるので、時には「すっきりしない」結果に終わることも多いが、その「すっきりしない」という結果を受け入れていくことは、現実の複雑性を複雑なまま受け入れていくという重要な感覚に繋がっていくことでもある。現実の多くは理論どおりにはいかないということは分かってはいるような気がしてはいるのだが、どこかで、理論通りすっきりいってほしいという思いは誰にでもある。しかし、個別の事例を見ていくと、どうしてそうなっていくのかと、よく分からないということが多い。自分の気持ちを「すっきり」させることばかりにエネルギーを費やさずに、「どうするのか」といった現実的な対応策を見つけることに力を注いだ方が建設的である。

●3●事例研究をするときの注意点

自分が事例から学ぶんだという姿勢をもつこと。出された事例の出し方や指導方法といったことを評価することは適切な姿勢ではない。教師は日頃から評価することが多く、何につけても評価の視点をもちやすいが、それは自分も評価されるのではないかという思いをもちやすいということでもある。評価の視点のない場での事例発表は発表する人に安心感をもたらし、みんなから支えられているという実感が得られるものである。相互支援が体感される

場となる。

●4●問題行動について（困ったこと）
　困ったことについてどう対応するかを考えるときに、問題を小さくすればするほど、具体的であればあるほど考えやすい。問題を小さくすればするほど、その問題は「常識」の範囲に入ってきてわかりやすく、対応しやすくなる。

4）ホロニカル・スタディ法（HS）

(1) ホロニカル・スタディ法とは
●1●背景と成り立ち
　この事例研究の方法はインシデント・プロセス法をベースにしながら、定森露子・恭司が独自に創り出したものである。インシデント・プロセス法は、マサチューセッツ工科大学のピゴーズ教授が創始した事例研究法であり、問題と背景が事前に提示されず、質問することで必要な情報を得て自分の対応策を作成するというものだが、様々な人々がそれぞれにアレンジし、多様な形式を作り出しているようである。定森露子は20数年前に当時の愛知県コロニー中央病院小野宏先生から学び、福祉現場職員の研修で用いたりしてきた後、教育現場でも多く実施してきた。その間形式は少しずつ変化させてきたが、しかし結果としてはかなり大きく変化してきており、また理論的背景も心理相談室"こころ"独自のホロニカル・セラピーに置くようになってきたので、ホロニカル・スタディ法と名付けた。最も特徴的なのは、具体的な場面（瞬間）を取り上げることと、実際の場面を再現してみるということを導入していることである。これはホロニカル・セラピーの基本概念である、ホロニカル、つまり部分に全体が織り込まれているという考え（ホログラフィック・パラダイム）に基づいている（194頁参照）。

(2) その基本的考え

●1● 問題解決の基本姿勢

　問題解決は、解決しようとする人とされる人との相互関係が影響する。学校でいえば「教師と生徒の相互関係」が影響してくるわけだが、しかし、「教師と生徒」といっても、現実には例えば教師である鈴木先生と生徒である加藤さんといった、個別の関係しか存在していないわけで「教師と生徒」といった一般論的関係はそこにはない。32歳、女性の、夫と子ども2人家族があって、大きな挫折もなく……といった、固有の物語をもつといったらいいか、そんな存在である鈴木先生と、また同じように固有の物語をもっている生徒加藤さんとのぶつかりあいという、相互関係である。24歳、男性で教師1年生の佐藤先生と生徒加藤さんとの関係はまた違ったものになる。違った関係には違った方法があるわけで、したがって、どの関係にも通用する解決法を見つけようとすることは、難しいし、ないといってもよい。むしろあるはずと思ってさがすこと自体、個別性を無視しようとすることになりかねなく、危険であるとも言える。個別性を認めるということは、まず自分がどんな考え方をし、どんな価値観をもち、どんな癖をもっているかなどをまず理解し認めることであり、その上で相手を理解することである。

　あの先生がやれたから自分もやれる、あるいは、自分がやれたから誰にでもやれるはずといったものではない、といったことを、まず押さえておくことが大切である。

●2● 問題解決の方法は「技術」である

　方法は技術であり、身につけるものであり、習うもの。具体的な行動である。理論が理解でき、基本的姿勢ができているからといって、できるものではない。どうしたら早く走れるかということが分かって、頑張る気力が十分あるからといって、早く走れるわけがない……ということは、みなよく分かっている。

　また「技術」だから、理論と違って唯一正しいものがあるのでなく、幾つかの方法があるとも言える。いろんな方法を数多く見ていくことは、自分に

あった方法を探すのに役に立つ。とくに教師は意外に他の教師の様々な指導の場面を見ていない。教室をひっくりかえすほどの大事件ならば他の教師も援助に入るために、必然的に他の教師の指導法を目にすることもあろうが、日々の小さい出来事、ちょっと困ったこと、気になったことほど、自分ひとりで対応し、自分なりのやり方や技術を身につけ、それでいいと思ってしまっているということもある。実はもっといい方法が、もっと自分が楽になるやりかたというものがあるかも知れない。

できるだけ多くの方法を目にし、体験していけば、自分の中に「方法のひきだし」が増えていくことになると考えている。

●3●理論

固有のものを越えたところに理論という極めて抽象的なものが存在する。現場ではまず、うまく問題が解消することが大切であって、よい理論をいくら唱えても、解決しなければ何にもならない。しかし、うまくいった方法が何故よかったのか、あるいはうまくいかないのは何故かといったことを考え言葉にしていくことは、確たるものとして自分の中に収まったり、あるいは他の教師に伝えるときの言葉になっていく。そのときには既成の理論が役に立つ。

また、何がなんだかさっぱり分からない、何をどう考えたらいいのか混乱している、といったときには、理論は役に立つ。しかし教師が問題行動にどう対処していくかといったことに関しての、理論的なものはあまりないかも知れない。

(3) ホロニカル・スタディ法の実際
＜資料4参照＞

＜参考文献＞
・前田由紀子（2002）：平成14年度学校心理臨床講座.第2回学校心理臨床における見立てとその方法.

・伊東博（1983）：ニューカウンセリング．誠信書房．
・平木典子（1993）：アサーション・トレーニング．日本・精神技術研究所．金子書房
・武藤清栄（1992）：心のヘルスケア．日本文化科学社．
・鵜養美昭・鵜養啓子（1997）：学校と臨床心理士．ミネルヴァ書房．
・川瀬正裕・松本真理子（1993）：自分さがしの心理学．ナカニシヤ出版．

第2章　学校臨床心理士の自己研修

1）新しいパラダイムを学ぶ

　従来の臨床心理士の養成過程は個別臨床を中心に組まれている。多くは、問題あるいは症状をもつ人を対象に、その問題なりを自分が直接関わって解消することを目的とすることを学ぶ。しかし学校臨床では、そういった個別臨床的なものだけでなく、教職員へのコンサルテーションや学外の社会資源との関わり、といったように、幅広い活動が要求される。学校の相談室にいて、先生がアレンジしてくれる生徒と個別面接をするだけでは、学校にとっては不十分だという感覚をもつと、従来の自分が受けてきた教育だけでは足りないことに気づくだろう。新しいパラダイムに基づいた学問を学び、新しい体験を求めていかなくてはならない。個別の研修、あるいは複数を対象にした研修会など、自ら積極的に場を探し、参加していかなくてはいけないだろう。
　学校心理臨床では何よりコラボレーション的感覚が必要とされてくるが、これはどこでどう身に付けていくか、真剣に考えていかなくてはならない。多分、異業種、異職種の人達と一緒に仕事をしていくことで身についていくのかも知れない。

2）個別研修

　基本は個別スーパービジョンを受けることである。スーパーバイザーは学校心理臨床の経験者であることが望ましい。それは学校心理臨床は従来の心理臨床にないパラダイムが必要とされていると考えているので、そこが体験として理解できてない人のスーパーバイズでは不十分である。

　また、学校という場に入ると様々な感情に揺り動かされていくものである。今までの学校体験、教師体験の影響や、何より学校という異文化によるショック、自分が必ずしも受け入れられていないという体験の辛さ……等々乗り越えていかなくてはならない心理的問題も起きてくる。そうしたときはとくに教育分析を受けることが必要である。

3）研修会、研究会への参加

　学校心理臨床はまだまだ学問的にも成熟していない分野ではないかと思われるが、だからこそ、ひとつの心理療法理論・技法にこだわるのではなく、様々な研修会に参加し、自分と自分が行っている学校にとって役に立つ理論・技法などを探していかなくてはならない。

　とくにSCとして仕事をしている人との研修会には積極的に参加し、様々な実践に触れたり、自分の実践を言葉にしていくことで、実践の概念化を図って行ったり、仲間づくりをしていくことが大切だと思う。

4）幅広い人的交流

　幅広い異職種、異業種の人との交流を図りたい。仕事に関係していなくてもよいと思う。常日頃から、幅広い人的交流・接触は自分の感覚を拡げ、価値観の多様性を受け入れていくことが可能になっていく。

5）異文化への関心

　学校はまさに異国であり、教職員や子どもは異国の人である。しかし異国ならばこその新鮮な発見があり、そこでの楽しみを見つけたい。それには好奇心やこころと頭の柔軟性があってこそである。常日頃から心がけておきたい。とくに子どもが生きている現実世界を知ろうとする態度は欠かせない。今流行の番組、音楽、ファッション、アニメ、若者文化はまさに異文化といえよう。

＜参考文献＞
・村山正治・鵜養美昭（2002）：実践！　スクールカウンセリング．金剛出版．

第7回

演習

定森露子

第1章　演習について

1）演習の目的

　この講座では、第1回から第6回まで学校心理臨床の実践に必要な理論的枠組みを系統だてて講義をしてきた。しかし学んできたからと言って、それが実践の場ですぐに使えるかどうかは、また別のことである。実践を安心して進めていくには、全体を示す地図と今の位置を把握し自分の行く道を見通す目が必要になる。講義ではこの「地図」を提示することがまずなされ、そして、「目」の必要性もあわせて講義してきた。しかし地図は外にあるもの、目は自分の内にあるものである。外にあるものは知識として学ぶことができるが、内にあるものは体験して初めて、学ぶ（身につく）ことができるのである。体験とは、自分の感覚をしっかりと関与させて経験することである。講座の中に演習をもうけているのは少しでもこの体験ができるようにというねらいがある。したがって「演習」が十分体験の場となるように、臨場感をもたせたり、個人の積極性を引き出すための工夫がいる。また実践の場では、状況は常に複雑でなおかつ絶えず変化し続けているものである。そこではその状況に応じた適切な知識を、自分の箱の中から選び出し、つなぎ換えて使うことが求められる。この「つなぎ換えるという方法」はまさに体験の中でしか身につかないと思う。

2）方法

　ここではスクールカウンセラー（以下SCとする）が学校でよく出会う場面を想定し提示する。そして、そうしたときにSCとしてどのように考え（つまり何をどう見立てるか）、実際にどのように行動するか、といったことについて考えてもらうようにする。実際に演習をすすめていく手順としては、まずスタッ

フ側で適切な「状況」（必ずしも事例化されたものでなくてもよいので、ある状況の提示でよい）を提示し、参加者がその状況に対して

(1) 自分の考えを、書く・言う等の方法で必ず表現する
(2) 他の人の考えを聞く
(3) 自分の考えと他の人の考えについて感想をまとめ、必要があれば自分の考えを修正する

といった順で、自分の考えをまとめていくようにする。他の人の発表を聞くだけの受け身的でいることができる状況はできるだけ作らない。また、他職種の人とのグループ演習では、他職種とのコラボレーションといったものも体験することができる。

第2章　演習の実際

1）演習全体の構成

　心理相談室こころ主催の講座で実際に実施した演習の構成と課題、考える際の視点、および発表された案へのまとめについて述べる。
　ここでは個人で考える演習1とグループで考える演習2の2部構成で実施する。演習1ではできるだけシンプルな、しかしSCが日常よく遭遇するある状況を提示し、SCとして何を考え実際にどう動くかについて検討し、対応策を書いてもらう。提示の仕方は臨場感をもたせるためにスタッフが役割を演じる。演習2は3〜5名の「SC（学生）＋教員＋養護教員」の異職種でグループを作り、そのグループがそのまま同じ学校にいる者としてグループメンバーで話し合い、対応策を作成してもらう。状況としては演習1より複雑と思われるものを提示する。
　時間構成は基本的には、演習1では課題の提示5分、考える際の視点についての説明5分、対応策作成10分（用紙に書く）、発表と意見交換10分、講師

によるまとめ5分、演習2では対応策作成に30分（グループで話し合い、用紙に対応策を書く）、発表と意見交換20分、質疑・まとめ10分で実施する。最後に演習に参加した感想について述べてもらう。

2）演習1

（1）状況1……言いっぱなしの窓口の先生
●1●課題

> 職員室で給食を食べていたら、SCの窓口となっている先生から、「来週水曜日2限目に2年1組の浅野太郎の面接を入れときました」と軽い口調で話があった。SCはこの学校にきて数ヶ月経ったところである。それを聞いたSCであるあなたは、どんな動きをしますか。順を追って考えてみよう。
> ・誰に何をきくか、何のために
> ・誰に何と応えるか
> ・何を調べるか、何のために

●2●課題の提示
スタッフが窓口の先生とSCの役で状況を演じる。窓口の先生は担任も生徒も相談に来ることに納得しているかのような、軽い雰囲気でSCに声を掛ける。

●3●考える視点
（1）この窓口となっている先生からの話を「事例」とするか、しないか、そのために何を見立てる必要があるのか。
　　＊「事例」とは第4回講座で触れている
　　＊見立てについては第2回講座で触れている
（2）事例とするなら、どんな相談構造にするのか、どんな面接構造を作るのか。

(3) SCの役割は
●4●まとめ

　与えられた情報は限られているし、窓口の先生の言い方も非常に曖昧なために、様々な状況が想定され、また自分が関与している学校の状況や個人の日常的な動き方も反映されたりして、実際には多種多様な案が出されてくるが、まず「事例化するか、しないか」そのための情報収集、確認作業が必要で、ついで「事例化」するとしたらどんな「相談構造」あるいは「面接構造」にするのか？　あるいはできそうなのかについて情報を得ながら考えていく必要がある。そのためには、これだけはおさえておく必要があると思われることがある。簡単にその場で「はい分かりました」とだけ答え、予約当日に太郎と会うということは避けたい。

(1) 経路（誰からきた話か）

　　太郎本人は面接を希望しているのか？　予約されたことを知っているのか？　太郎本人に誰がどんな言い方をしているのか？　窓口の先生は誰かに頼まれて予約したのか？　自分の判断か？　この面接について誰が知っているのか？　担任は、学年主任は、保護者は知っているのか？

(2) 主訴

　　誰が困っているのか？　何に困っているのか？　窓口の先生のSCへの期待は何か？

(3) 決まっていることいないこと

(2) 状況2……心配する養護教諭
●1●課題

　養護教諭が、保健室で机の向こう側に座っているSCに
　「保健室に時々来ていた1年の亜美なんだけど……、最近欠席が目立つが、担任に聞くと、風邪みたいですよ、と簡単な返事。普段はどんな

様子ですか？　と聞くと、学校に来てるとき元気だし、とくに心配な感じないですよ、と全く気に掛けてない感じの答えだったんですよ。保健室では結構元気がない感じで、クラスの子のこととか家庭のこととか、いろいろ言ってた子なんですよねえ」と、どこか不満げに言う。

　2年目のSC（少しだけ学校状況が分かってきたが、まだ十分には動けずにいるところ）。1学期期末テストの数日前。

● 2 ● 課題の提示
スタッフが先生とSCの役で状況を提示する。
● 3 ● 考える視点
(1) 事例とするかしないか
(2) 事例とするならどんな相談構造を作るのか
(3) 事例としないなら、どのように養護教諭に対応するか
● 4 ● まとめ
学校の中のある意味特殊な立場にいる養護教諭という職種を理解した上で、養護教諭の意志を第一に尊重しながら、まずは「事例化」するかしないかの視点で養護教諭の期待や亜美や担任についての情報を収集していくことから始めることになる。事例化するとしたら、相談構造を作るために、教師・学校、亜美の見立てのための情報を誰からどんなふうに集めていくことが可能かについて考えていくことが必要になる。最低（1）から（3）までは考えたい。

(1) 養護教諭のSCへの期待の確認
　　話し（愚痴・不満）を聞いてほしいだけか、そうだとしたらどんな態度で聞くかSCに何か動いてほしいのか、どう動いてほしいのかはっきりしているのか、いないのか？
(2) 亜美の見立て、状況確認
　　誰から、どんな形で情報を得ていくか？
(3) 教師集団の見立て

養護教諭と担任の関係、日頃から担任に不満をもっているのか？　あるいはよい関係なのか？　養護教諭の学校内の位置、孤立気味か、指導的か、信頼性は？
(4) 保健室の位置づけ
　　常時開かれているのか、閉められているのか？
　　保健室登校している生徒はいるのか？　その人数は、学内で快く認知されているのか？
(5) 担任の学級運営、亜美との関係

3）演習2

(1) 状況3……保護者からの電話
●1●課題

　2年2組の担任のA先生がSCの席に来て、「ちょっといいですか…クラスの亜希子の母から娘がいじめられていることを知ってますか？　という電話があったんですよ。僕としてはそんなふうには見えてなかったんですけどねえ…。B先生（担任の隣の席の学年主任）には、そういう電話があったということだけは話をしたんだけど…」と困り顔で言う。
　A先生は3年目の男性教師で、SCとは日頃から「お茶のみ話的」には比較的話しをしてきている関係。
　亜希子は担任からみると「母子密着、努力型優等生タイプ、あまり積極的・外向的ではない、友人は少ない」とのことである。家庭は父母と小学生の妹との4人家族。この後、SCは何をしていったらよいのか、学校としてはどうしていったらよいのかを、グループで考える。グループメンバーは皆この中学校にいるという仮定で、SC（SCを目指す学生も含め）はSC、教師はこの状況に登場している担任や学年主任ではなく、担任と同学年の教師役、生徒指導の先生であればそのままこの学校の生

> 徒指導担当で、養護教諭は養護教諭の立場で考える。グループの成員同士はケースを一緒に考えたことがあり、ある程度信頼関係はある。

●2● 課題の提示

「学校の状況と見立て」と「SCの状況」について資料配付する。

> ・学校の状況と見立て
> 　人口5〜6万人の名古屋周辺都市。古くからの土地もちの人と、マンションや一戸建てなどに入居する流入サラリーマン層が混在している地域。中学校は各学年6クラス、全体の生徒数600〜700人。大きな問題はないと学校は思っている。服装の乱れが少しあり、対教師暴力はない、不登校は平均的にある。ざわざわとした感じをSCは感じている。管理職は3人ともバラバラで、頼りないと窓口担当の先生は思っているし、SCもそうかと思っている。窓口担当は40歳代の男性の保健主事。教育相談担当は機能していない。学年会は「報告会」になっている。
> 　・SCの状況
> 　2年目、2学期後半11月頃、様々な行事が終わり期末テストが始まる前。SCは少し学校状況が分かってきて、数人の先生とは関係ができている。子どもや保護者との個別相談がぽつぽつ始まっている。SCの勤務形態は週1回、1日勤務。1人体制。

●3● 考える視点

(1) 管理職への対応
(2) 学年の教師集団への対応
(3) 相談構造をどうするか、どう作るか
(4) 事例とするか
(5) 情報を誰が、誰から集めるのか

● 4 ● まとめ

「いじめ」「保護者からの電話」ということから、学校としてはある程度の具体的な対応はしなくてはいけない状況であるという共通認識をグループメンバーがまずもつことから、出発する必要がある。しかし、どう対応していくかということについては、この学校状況の見立てからすると慎重に動く必要があると思われる。また問題となる事柄からして、SCひとりで抱え込まずに管理職はじめ学校を巻き込んでいくことが重要である。少なくとも次のことはおさえておきたい。

(1) 担任の危機感・問題意識の確認とそれを誰がするか
(2) 管理職へはいつの時点で誰がどのように話すのか、相談なのか、報告なのか
(3) 学年全体にどう話をひろげていくのか、その必要性はないのか
(4) A子及び母親への対応、何を、いつの時点で、誰がするのか、それについて考えるのには何が必要か
(5) このグループメンバーそれぞれ何をするのか

● 5 ● 演習の最後に

演習に参加した感想をできるだけ多くの人に語ってもらい、学んだものを共有する。

第8回 新しいパラダイムの構築に向かって

定森恭司

新しい臨床心理学の探求

1）新しいパラダイムの構築の必要性

(1) 新しい心理臨床を必要とする学校

　第1回第2章 2)(4)—●1●で示したように、伝統的心理臨床では、内的世界とじっくり向きあえるような非日常的時空間を面接構造として重視する。こうした構造は、日常生活の喧噪から離れた禅寺や外界の影響を極力統制した実験室に近い構造といえる。カウンセラーは世俗との関係を断つ僧侶のごとく、クライエントとの面接外での日常的交流を極力避け、クライエントの声なき声に徹底的に傾聴することで、クライエントの心的世界の理解に専念する。また仮に外界がテーマとなったときも、クライエントの主観から見た外界に焦点を当てても、外界そのものを心理臨床の対象として扱うことは例外的扱いである。こうして伝統的心理療法は、心の深淵を探求する「深い面接」という独特のイメージを醸し出していたのである。

　しかしながら、学校心理臨床では、伝統的心理臨床の面接構造を維持することはとても難しい。面接外でのクライエントとの交流は避けられない上、クライエントに関する情報も情報源の確かなものから不確かなものまで含めて溢れ、こうした情報の洪水は、面接関係にも微妙な影響を与えてしまう。また学校心理臨床は、面接の場だけが活動の場ではない。面接構造を含む学校・家庭・地域社会という全体の場が活動対象領域といえる。こうした違いは研究方法の違いともなってあらわれ、伝統的心理臨床が実験室型とするならば、学校心理臨床は人類学のフィールドワークに近いものになる。

　伝統的心理療法が、心の深淵に向かう井戸堀作業とするならば、学校心理療法は、井戸堀作業もするが、時には地上に出て、クライエントの具体的な生き方についても積極的に扱う。学校心理臨床で深さばかり探求していると、心の闇の中に彷徨い出口を見失いかねない。深さを求めることは大切なこと

であるが、時には大胆に地上に出てみて、現実世界の広さを味わってみることも大切となるのである。

　また学校心理臨床では、クライエントの内界ばかりでなく、クライエントを取り囲む人々や環境にも積極的に働きかけていく姿勢が求められる。クライエントにとって適切な環境を創りだすことは、クライエントの内界の安定化を保証することにほかならないからである。

　結局、学校心理臨床は、伝統的心理臨床の内界重視型のパラダイムを超越して、心の内界・外界を共に扱うパラダイムへの転換が求められているのである。

(2) 観察主体と観察対象

　臨床心理学は、心を対象とするため、研究対象を研究者自身から切り離して客観化し、一般的・普遍的な法則を得ることが難しい学問である。そもそも心理臨床の実践は、カウンセラーの心とクライエントの心の交流という極めて人間的作業を通じて成立している。したがって、普遍的法則を探究してきた自然科学と違って、カウンセラーが異なれば、クライエントへの問題や症状へのとらえ方やアプローチさえも異なってくるというやっかいな問題も横たわっている。結局、臨床心理学には、物を対象化して操作するような通常の自然科学とは異なるパラダイムの構築が必要となっているのである。

　この難問に取り組む前に、まず自然科学研究の流れを振り返ってみよう。

　自然科学を中心する近代科学は、17世紀に登場したデカルトが心と物質を区別した二元論的世界観に支えられてきた。二元論によって、科学者は観察対象を自身とはまったく分離したものとして扱うことや、物質界を数多くの物体の巨大な機械として理解することを可能とした。古典物理学の基礎を築いたニュートンも、観察者と観察対象を区分した自然科学的研究法によって、世界が力学的因果論で結びついていることを見事に明らかにした。こうした近代科学のパラダイムは、19世紀末まで輝かしい発見と成果をおさめてきた。そして心理臨床の世界も、近代科学的パラダイムの影響を受けて、科学とし

ての心理学を目指した時代もあったのである。行動主義やフロイトの精神分析の考えにもその影響は色濃く見られる。

しかし、普遍的法則の探求を土台としてきた近代科学も、20世紀にはいって大きく揺り動かされることになる。しかもその震源地は近代科学の原点ともいえる物理学から生じたのである。

まずアインシュタインの相対性理論は、空間は三次元ではなく、時間も空間から独立しておらず、時間と空間は緊密に結びつき「時空」という四次元連続体を構成することを明らかにした。近代科学の土台であったニュートン力学原理の絶対的な時間と空間の設定自体が怪しくなってしまったのである。またハイゼンベルグは、不確定性原理の中で、ある素粒子の位置と運動量を測定するとき、この2つの正確な値を同時に測定することができず、運動量を測定しようとすれば粒子は明確な位置をもたなくなり、位置を測定しようとすると粒子は明確な運動量をもたなくなることを明らかにした。このような発見は、観察する者とされる者を分離・独立して扱ってきた近代科学の土台を揺さぶり、すべての現象は相対的、確率論的にしか定義できないことを意味した。またこうした発見によって描きだされる世界も、近代科学の要素還元主義的な機械論的世界のイメージから、すべてのものが絡み合いながら、絶えず変化生成する有機的なイメージに変容し、その影響は思想や哲学にも及んだのである。

量子力学など他の学問領域における新しい発見や世界観を、臨床心理学にそのまま応用することはカテゴリー・エラーである。しかし、他分野で示された新しい概念や理論が、心の事象に対しても実に驚くほど類比的であることは注目に値する。臨床心理学では、カウンセラーがクライエントの心に対して何を見るかについて、対象を固定化したり統制することによって、誰にも通用するような一般法則を発見することは不可能である。近代自然科学の研究法が成立しないのである。それどころか、観察者（カウンセラー）の態度は観察対象（クライエント）に影響することを排除できない。したがって観察者と観察対象の関係は、双方の相互作用を中心に相対的に定義していくこと

が必要になり、心理臨床でも不確定性原理が働くことになる。心理臨床では、結局、「観察者」は、「関与者」にほかならず、そこに起きる現象を研究しようとする場合は、観察者と観察対象の関係を含み検討していく必要が出てくるのである。

　具体的事例で考えてみよう。

　5月の連休明けから、急に不登校状態に陥った中学生「A」がいたとする。不登校になる前の「A」の教師集団の評判はとてもよいものであった。「あの子は、クラスや部活のリーダー的存在で、他の子が嫌がることでも嫌な顔ひとつせずにやり、成績も常に上位で、性格的にも明るく、みんなに好かれるタイプ。本当によい子だ」と言われていたとする。そのほかの重要人物としては、ベテラン教師の担任「Z」と、新人スクールカウンセラー「Y」にご登場いただこう。担任「Z」は、「A」の申し分のない日頃の学校生活から判断して、「今回の不登校は連休中に家庭で何かあったからではないだろうか」との推測を何気なくもっていたとしよう。他方、カウンセラー「Y」は、「A」の評価があまりに教師集団で高い印象から、「もしかすると、過剰適応型のよい子タイプのAが息切れしてしまったのではないだろうか、もしそうだとするならば、教師たちの評価は、むしろAには負担となっていたのでないか」と心のどこかでそんな疑問を抱いていたとしよう。しかし、両者とも、こうした思いが、とくに強い信念を形成するほどではなかったし、「Z」と「Y」の人的交流の期間もまだ日が浅く、お互いにそうした疑問を事前に話す機会もなかったとしよう。

　さて、担任「Z」とカウンセラー「Y」は、夏休みが明けても登校しない事態を前にして、「一度Aやその親と会って、Aの不登校のきっかけとなった本当の原因を知りたい」との思いに駆り立てられていた。舞台は、そんな折り、久しぶりに「A」が母親の付き添いで登校してきた日のことである。担任「Z」と、カウンセラー「Y」は、学校長の指示があって、簡単な面接を「A」と別々に実施する。

　まず担任「Z」は限られた時間内で的確に原因を把握するために、日頃の

家での様子について質問し、とくに両親の「A」への関わり方や「A」の両親に対するイメージについて何気なく聞き取っていく。その結果、「A」の家庭では、ここ半年ほど父親が単身赴任をしており、多忙で週末の家庭帰省もほとんどなく、連休中の帰省時は父親の疲労もあって家でゴロゴロばかりしていたため、母親も「A」も強い不満を抱いていたことがわかる。こうした家族内の雰囲気は、「A」が連休明けに体調のだるさを理由に学校を休みだしてからも、母親ひとりが子育ての悩みを抱え込む形となり、「A」の登校渋りに毎朝口うるさく干渉し、「A」は母親の態度をとても嫌がるようになっていたこともわかってくる。その結果、担任「Z」は、「A」の不登校の契機は、「家族関係の問題が原因」との見立てを強くもつようになる。

　他方、カウンセラー「Y」も限られた面接時間を有効に使おうと、学校生活のことを中心とした何気ない聞き取りと、簡単な心理テストを実施する。その結果、「A」は学校生活全般において、なかなか自分の指示や提案を聞かず、自分勝手なことばかりいうクラスメイトや部活の後輩に困り果てており、とくに先生に言われた期日までにクラスや部活をまとめられなくなっていることをとても深く思い悩んでいたことが判明する。また、「絵をその人となりの表現とみなす」(Koch、1970) バウム・テストや、面接態度の印象などから判断して、「A」は、不満を教師や友人にいうことができない「よい子」タイプであり、表面上の適応は過剰適応ぎみであり、不登校は周囲の期待する社会的役割をとることの限界感からきたものとの手がかりを得る。その結果、カウンセラー「Y」は、「A」の不登校の直接の引き金となったのは、「学校生活における教師たちの過剰期待」との見立てに至る。

　このようにして、担任「Z」とカウンセラー「Y」は、同じ「A」の不登校のきっかけに関する原因分析において、一見、2つの異なる結論を導きだしたのである。しかし、もしこの段階で、両者が双方の見立てについて意見交流を図ったならば、次のような悲劇は起きなかったかも知れない。トラブルは、担任「Z」は、面接結果を学校長に報告し、他方、新人カウンセラーは自分の見立てを母親に伝えたことから起きた。担任から報告を受けた学校

長と、カウンセラーから所見を伝達された母親は、その後の校長と親との間で実施された2者面談で微妙なすれ違いを起こしたのである。両者の不登校の引き金をめぐる言質のズレは、次第に激しい感情的対立に発展し、双方とも非難合戦になったのである。学校長は、不登校の原因が、あたかも学校の対応の悪さであるかのような態度の母親への不信を強め、逆に、母親は、あたかも親の育て方が問題だといわんばかりの学校長の態度に不信感を強めたのが要因であった。その結果、「A」は一層登校意欲を失い、学校とスクールカウンセラー関係も、相互不信の強い関係になるという悲劇まで起きてしまったのである。

今、読者は、すべての展開を把握できる立場にいるので、こじれの要因を案外簡単に理解できる。まず、担任「Z」も、カウンセラー「Y」も、日頃何気なく抱いていた予断が、面接時の質問内容の方向づけに無意識のうちに影響している。その上、あらかじめ方向が限定づけられていた質問によって得られた限られた回答だけから、あらかじめの仮説を裏付けるだけの判断を下してしまっている。観察者（この場合、担任とカウンセラー）は、参与者として観察対象（「A」）に影響し、それぞれの参与の態度の仕方によって異なる結果を導き出したといえる。しかもその上、その結果を、お互いにつきあわせることもなく、それぞれに異なる第3者に不用意に伝達してしまっため悲劇が起きたのである。

それでは、この両者は全く間違った結論を導き出したといえるであろうか？実は、そうも簡単に間違っているとも言えないのである。

あるレストランの料理が美味しかったとき、料理人の腕が良かったのか、素材が良かったのか、店の雰囲気が良かったのか、あるいは食べた人の体調や嗜好がたまたまその店とあっていたのかなど、多様な面にわたって検討することが可能である。しかし、そこで得られた結論のひとつひとつが、とくに間違っているとは言えないのと同じように、担任「Z」もカウンセラー「Y」も、それぞれにある側面についてはある程度正しいとは言えるでのある。しかし、レストランのある料理の美味しさは、いくつかの要因が絡み

合っているように、「A」の不登校も様々な要因が各々比重の差をもちながらも絡みあっている現象であり、特定の要因だけで全部の説明をしようすることに、もともと無理があったといえる。もし、担任とカウンセラーの双方が、校長と母親の面談の前に、自分の面接結果だけに固執せずに、少しでも意見交流の機会をもち、それぞれの見立てを見直す機会さえあれば、これほどのこじれは防げたかも知れないのである。

　ハイゼンベルグは、「われわれが観測しているのは自然そのものではなく、われわれの探究方法によって映し出された自然の姿だ」（C＋Fコミュニケーション、1986）と語ったが、その言葉は、心の現象を考えるときにも貴重な示唆を与えているといえよう。

　学校心理臨床の場は、ある児童・生徒やある家族の問題行動や症状行動等に対して、実に様々な見解や意見が錯綜するところである。それだけに学校心理臨床では、錯綜する見解を交通整理し、包括的に見立てていくことを可能とするような統合的なパラダイムの構築が希求されているといえよう。

(3) あるがまま

　実は、これまで振り返ってきたのは、主に西欧を源流とするアカデミズム世界のパラダイムの変遷の話であったが、東洋の神秘思想では、究極的な世界のリアリティの探求を、言葉や概念ではなく瞑想法などの直接体験に長く求め続けてきた。瞑想や直接体験を重視するのは、世界を言葉や概念などによって対象化し区分・分割せずに、できるだけ「あるがまま」に受け取ることが大切と考えてきたからである。シュリ・ラマナ・マハリシは、「純粋意識である自己は、あらゆるものを認識するので、究極的見者（絶対的主体性）である。ほかのすべてのもの、自我、心、身体といったものは、単なる対象にすぎない。つまり、自己、あるいは純粋意識以外のものは、すべて単に外化された対象にすぎず、真の覚者ではありえない。自己は客観化されないから、つまりほかの何ものにも認識されずにほかのすべてを見る覚者であるから、主体／客体の関係や見かけの自己の主観性は、相対性の地平に存在する

だけで、絶対的次元では消滅する。実をいえば、自己以外に存在するものなどないのだ。自己とは、見るものでも見られるものでもなく主体にも客体にもおさまらないのである」(Wilber, 1977) と語るのである。こうした態度には、徹底して主体と客体の区別もない統一体と融合し、万物の一体性の境地を目指すような悟りの姿勢が見られるのである。

「A」の事例で示せば、久しぶりに学校に登校してきた「A」に対して、担任「Z」やカウンセラー「Y」の原因を分析しようとする態度そのものが西欧的科学的態度といえる。そこには、不登校の要因を探求しようとする観察主体としての教師やカウンセラーと、観察対象としてのクライエントの内面という区分がある。また区分と原因探求という態度があったからこそ、観察の結果としての結論が導き出されているのである。

これに対して、万物の一体性の境地には至らないが、「あるがまま」を重視する東洋的な態度に近いものでは、次のようになる。久しぶりに学校にやってきた「A」は養護教諭「X」の顔をみて思わず笑みを浮かべる。それを見た養護教諭「X」も思わずほぼ同時に笑みを返す。第3者からすると、2人の間には、自他の区分が一見溶解したかのような絆の深さを象徴するような微笑みだけがそこにある。この場合、養護教諭「X」のとった態度は、あらかじめ何かの意図や目的があってのものではない。思わぬところで、「A」と遭遇し、そしてそのまま自然に応答しただけのことである。このとき、養護教諭「X」においては、観察する主体と観察対象の区分はとくにない。笑みが出たからただ微笑んだだけの現象といえる。

しかし、養護教諭「X」は、「あるがまま」であることに気づいていない。その点が究極的見者との大きな違いである。そのため、養護教諭「X」の態度は、「A」との情緒的な絆を強める点ではとても有効なものであっても、「X」自身にその自覚がないため、第3者にそのことを伝える力をもたない。レストランの例で言えば、美味しいと感動はするが、その理由を分析することもなく、その理由を誰かに伝達する力をもっていない状態といえる。

(4) 統合化を目指して

　心理臨床では、臨床の場での体験を西欧合理的な精神によってある観察主体からある対象に焦点を絞って分析することと、生起する体験をあるがままに受け取るような東洋的態度は、共に重要なものといえる。しかし、実際には、この両者は二律背反的なため両方の態度を同時にもつことはとても難しい。西欧合理主義的精神に従い、臨床心理学に科学性を求めても、反復性・正確性・予測可能性は他の科学分野のようにはいかず限界の壁にぶつかる。また、自分と自分以外のものや、内界と外界とが不可分に絡み合っている「心の現象」を、ある言葉や概念でもって切り取り、その言葉や概念を意識する主体と、意識される対象とに区分することは、もともとのあるがままの直接体験のリアリティから疎遠とならざるを得ない。しかし、だからといって直接体験ばかり重視していては他者への伝達性において、曖昧性、不正確性を増したり、ある人の心的体験を他者が確かめる手段がなくなってしまう。

　また、西欧的態度と東洋的態度、いずれが正しく、いずれが間違っているかを論議することも意味をもたない。それぞれは心の異なる有り様を扱っており、それぞれに正しいとしかいいようがない。西欧合理的態度による研究も、どのような観察主体から、どのようなものを観察対象としているか、またその観察主体は観察対象にいかなる影響を与えているかを明らかにするという限定条件の中ではじめて意味をもつ。

　こうなると心理臨床が背負っている課題とは、次のようなものとなろう。心に関する諸説の差異は、心のもつ多様な有り様に対して、各々の説が心の一体いかなる有り様に焦点をあてたものであるのか、またそれぞれの諸説が明らかにする多様な有り様は、どのような関係にあるのかを包括的にとらえることが可能となるようなパラダイムが構築されるならば、各差異をより統合的に理解することが可能になるだろうということである。

　「意識は多元的である、あるいは、多くのレベルからなっている。心理学、心理療法、宗教の主だった学派や宗派は、それぞれ異なったレベルに力点をおいている。したがって、これらの学派や宗派は互いに対立しているわけで

なく相補的であり、それぞれのアプローチはそれ自体のレベルに着目している限りおおむね正しく、妥当なものである。……意識に対するおもなアプローチの真の統合が実現可能となる」(Wilber、1977) のである。

(5) 複雑系のシステムとしての理解

　昨今、諸要素を他の要素から切り離して扱うのでなく、全体の中で他の要素との関連で扱うことを中心とする「複雑系」をキーワードとした諸科学が登場している。この考え方では、「世界は、多が多に関係し、常に動いている世界」であり、「一つの事象は他のすべての事象との連関によって決定され」「一つのものが形成されるにも、限りなく多くの原因があり、原因を一つに特定することはできない」「諸要素が相互に連関しているから、一つの要素のわずかな動きでも、全体に波及して、全体の変動を呼び起こす。それは、諸要素の相互連関から、その状態が刻々と変化していく動的な構造をもっている」となる(小林、2000)。

　複雑系の科学では、「創発現象」(emergence) に注目する。「創発現象とは、個々のものだけでは起きないが、個々の要素が、諸関係によって形成される場で相互作用することによって、より複雑な関係を創出する」(小林、2000)ことである。

　創発現象は、学校でもしばしば見受けられる。事例で考えてみよう。

　ある生徒「B」が、ある教師「W」に反抗挑戦的な態度をみせる。すると、その出来事が、あっという間に他の生徒にも波及し、ついには教師集団と生徒集団の関係を破壊し、授業崩壊や学級崩壊の連鎖となり学校全体の危機となる。そして、ついには最大の危機となったときに、これまでの生徒集団と教師集団の関係性や校則等のルールの見直しが図られ、新しい学校文化を創造して次第に事態の収拾が図られていく。

　この場合、最初の契機となった生徒「B」は、実際には学校全体を破壊しようともくろんでいたわけでない。ただ、生徒「B」と教師「W」との関係には、最初から他の要素が複雑に絡み合っていたからこそ、すぐに他生徒に

も波及するような大きな揺らぎを起こしたと考えられる。学校の危機の原因は、「B」にあったのでなく、「B」と教師「W」とその他のすべての事象との連関によって起きたと考えられるでのある。

　複雑系の科学では、自然がもつ自己相似的構造、すなわち「フラクタル構造」について探究する。フラクタル構造の例としては、よく海岸線をモデルに用いられるコッホ曲線（図1参照）が引き合いに出される。ここでは、部分と全体とが自己相似的な構造をもっている。先の事例でいえば、ある生徒「B」と教師の関係と、その学校の生徒・教師集団の関係には、もともと自己相似的な構造があったのである。

　心理臨床の世界で、早くからこのフラクタル構造の概念に言及していた臨床家がいる。心理療法や精神療法で異彩を放っている神田橋條治である。神田橋（1996）は、治療者とクライエントとの面接関係、面接外におけるクライエント対人関係やクライエントの親子関係などの各次元において、同じようなパターンを見つけたとき、「フラクタル構造が見つかった」と称し、クライエントの反復強迫的な中核パターンを発見する重要性に言及している。臨床心理学的に見て、ある症状や問題行動を反復するクライエントは、自己及び世界との関わりの様々な次元で、自己相似的な固着的なパターンを強迫的に繰り返していることが多いのである。こうした場合は、取り扱いの比較的しやすい小さな固着的パターンを見つけ、その変容を丁寧に扱っていけば、やがてその小さなパターンの変容が大きな意味のある変容につながっていくことが多い。先の学校危機の事例の場合でいえば、「B」以外の生徒の「C」「D」からでもいいので、ある生徒・教師関係の次元の新たな信頼関係の樹立に専念し、そこで効果的な変容が得られたならば、「C」「D」から得たパターンを活用していけば、やがて全体にもよりよき波及効果をもたらすことが可能となるのである。ある学校におけるある事例の問題や症状は、もともと他の多くの要素との連関で決定しているだけに、事例の個別性を、全体から切り離したり、全体の中のあるほんの一部の問題として扱う発想自体に無理があるといえる。

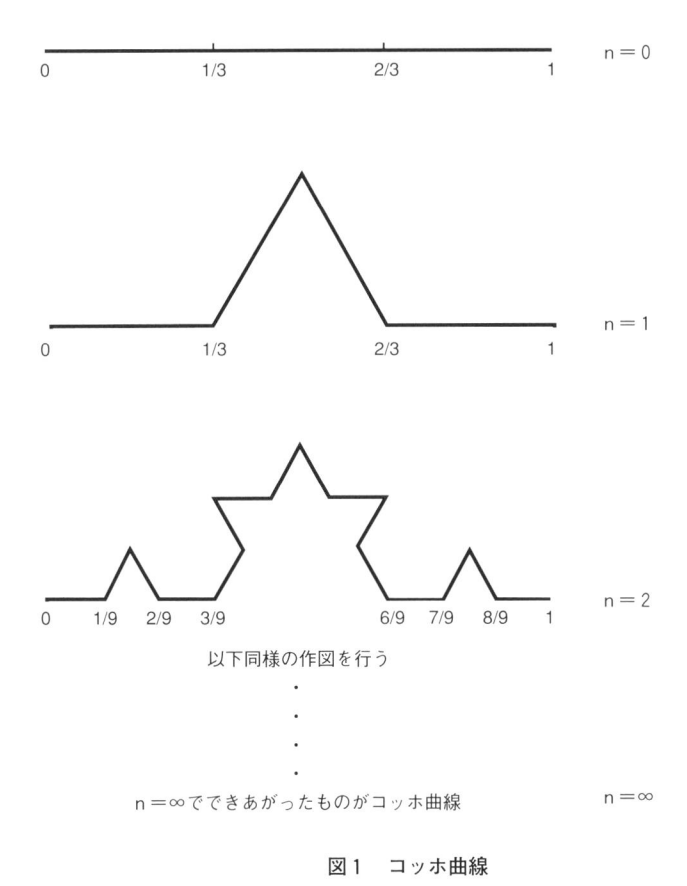

```
                                             n = 0
0        1/3       2/3       1


                                             n = 1
0        1/3       2/3       1


                                             n = 2
0  1/9 2/9 3/9        6/9 7/9 8/9  1
   以下同様の作図を行う
            ・
            ・
            ・
            ・
   n＝∞でできあがったものがコッホ曲線        n ＝ ∞
```

図1　コッホ曲線

2）心の多層多次元モデル

　筆者は、心は多層性及び多次元性を獲得しながら幾多の発達段階を経ながら変容していくと考える。

　多層性とは、内的世界が意識から無意識に至るまで層構造をもつという考

え方である。Ｃ．Ｇ．ユングは、フロイトが明らかにしたコンプレックスの奥には、もっと深い無意識の層に人類のすべてが類型的イメージを抱く集合的無意識の層があるとしたが、こうした考え方も心の多層性を認めた例といえる。

　通常、意識とは、覚醒レベルの水準の心的活動を指し、現実的な思考の中心の担い手である。この意識的活動を通じて、物事は対象化され、具体的なものとして認知され、出来事は時間と空間の中に位置づけられ整理されていく。筆者の今の執筆活動は、意識が適切に機能していないとできない。多くの場合、この水準で毎日の生活課題が解決されていればとくに問題はない状態といえる。しかし、何らかの課題にぶつかったとき、通常の意識水準より下層にある無意識層のコンプレックスが活性化して、適切な意識水準での判断が混乱させられたり歪んだりすることがある。もし今、筆者が執筆中、ある言葉が浮かんだのを契機に、それまでは忘れていたトラウマ（心的外傷）が蘇ってしまい、それ以降の執筆が手つかずになったとしたら症状行動に陥ったことになる。こうなるとトラウマが、適切に意識に統合されるまで、日常生活はいつまでも支障をきたすことになる。

　心の層は、加齢に伴い多層化していくと考えられる。したがって、もし幼い時期に強いコンプレックスを形成し、適切に意識に統合されないままでいると、加齢に伴う心の多層化に伴って、コンプレックスが表層から深層まで重層化していくことになる。こうなると、深層部に追いやられたコンプレックスは、一層意識の光に照らし出されにくくなる。

　多次元性とは、人の存在には、幾多の次元性があるという考え方である。例えば、ある児童・生徒「Ｃ」がいるとしよう。このとき、「Ｃ」は、独自の内的世界をもつという個人的次元（前述の「層」をもつ）以外に、家族の一員としての次元、学校の一生徒としての次元、地域社会の一員としての次元、日本人としての次元など、幾多の次元性を有しながら存在していると考えられる。

　人は、社会的体験を積み重ねる中、自分の存在が幾多の次元をもつことに

気づいていく。そして新しい次元に気づく度に、心の層も影響を受けて多層化していく。逆に層の分化に伴い新たな次元に気づくこともある。

　自分が日本人ということをとくに強く意識しなかった人が、海外赴任体験を通じて、日本人としての自分に目覚め、自分の心の中にある日本人的価値観を意識するようになるなどは、多層化・多次元化の自覚の例といえる。

　心は、何か大きな支障がない限り、多層化と多次元化の繰り返しを通しながら、いくつかの発達段階を経ながら成長・発達していく。

　発達段階とは、「内界と外界の区分のない段階」「内界と外界との狭間に境界が成立し、自分が全有機体の主体として意識されだした段階」「主体（自我）が社会的次元としての固有性を自覚しだした段階」「主体と世界の関係の不可分性に目覚め、自分の存在の自己超越的次元を自覚する段階」などを指す。心は多層化・多次元化を繰り返しながら、発達の節目ごとに飛躍的に心的構造を変容させながら次の段階に移行していく。発達段階が移行する度に、前段階は、より後の段階に統合され構造化されていく。また発達段階の後の主体ほど、より複雑な心の多層性多次元性を自覚することが可能となる。

　しかし、例えば、コンプレックスが重層化している場合などは、発達の節目の時期が到来しても、次の段階に適切に移行することができなかったり、層と次元の関係に歪みが起きたりすることになる（外面は、年齢相応の社会次元を適切に自覚している人のように見えるが、内面に立ち入ってみると発達段階が前段階に滞留したままの状態など）。

　心を多層多次元的なものと理解すると、仮に問題解決志向型の短期心理療法家が、無意識の存在を仮定せずに、ある具体的な行動レベルのテーマに焦点を合わせたとしても、結果的には、それは無意識層にも影響しているという考え方になる。また逆に、深層心理学的なアプローチの心理療法家のセラピーも、結果的には、意識的な問題解決の枠組みに影響を与えているという考え方になる。したがって、心理療法の理論や技法の選択は、カウンセラーの技法に対する興味・志向ではなく、クライエントの抱える心の層や次元の課題に応じて選択されるのが本来の姿ということになる。しかし、症状や問

題行動が執拗に反復されているときというものは、心の多層多次元にわたる自己相似的パターンが見られることが多い。したがって、焦点をあわせる対象は、面接関係において、最も現実的に取り扱い可能で、かつ変容の見込める層や次元の課題から扱っていけば、結果的には他の層や次元にも自然に影響が及ぶことになる。

　次のような事例で多層多次元にわたる自己相似性について考えてみよう。

　ある男子生徒「D」とある女性教師「V」との対立・緊張関係には、「D」の乳幼児期早期における父親の病死に伴う母子関係の共依存的な対立・緊張と自己相似的パターンが見られる。また、社会的次元で見ると、現代社会における父親不在による母親と子どもとの密着化に伴う確執と相似性をもち、「D」の内的世界では、内在化された母親イメージからの心的自立と依存のテーマと相似的で、集合的無意識層のレベルでは、神話のモチーフで各国に見られるグレートマザーと少年の戦いを示すような人類普遍のテーマと自己相似的構造をもつ。このとき、各層各次元に共通しているのは、一体化・融合化への強烈な圧力と希求、圧力に抵抗して自立を求める動きと承認の確執といえよう。したがって、どの層やどの次元を対象としてアプローチしても、理屈上では変容は可能である。しかしながら、実際には、どの層の、どの次元に焦点を合わせるかは、変容プロセスに大きな影響を与えるのは明らかであり、いずれの課題に焦点化していくのが当面の変容を最も現実的に期待できるかが、心理臨床の実践で常に問われている重要課題といえる。

3）ホログラフィック・パラダイム（部分に全体が織り込まれる）

　筆者は、学校心理臨床の実践を通して心理臨床においては、「心の多層多次元モデル」とともに、「部分に全体が織り込まれている」（ホログラフィック・パラダイム；Wilber, 1982）が有効と考えている。

　3次元の写真画像は、ホログラフィー（Holography）と言われ、ネガにあたる部分はホログラムと呼ばれる。ホログラム的情報蓄積法には驚くべき点が

ある。それは、通常の写真感光版と異なり、その感光版がたとえ小さな断片になっても、その断片にレーザーを当てれば、多少像の密度が薄くなるものの全体の立体像を再現することが可能であるということにある。ホログラムのひとつひとつの部分が、全体の情報を内包しているためこうした現象が起きるでのある。部分（断片）に全体の情報が包含されているのである。

　アインシュタインの弟子であるデヴィット・ボーム（理論物理学）は、ホログラフィーの理論を哲学的に敷衍して、現実に見えている世界の背後には、「織り込まれた秩序」(Bohm, D., 1980) があり、「全体は部分に織り込まれている」と考える。時間、空間、物質を含めて、この世界は隠された「何か」の投影的なものとみるのである。

　また、神経生理学者であるカール・プリグラムが提唱する「脳のホログラフィ理論」(Pribram, 1971) も、心や意識の作用を脳の局在機能によって説明してきた立場とは異なる新しいパラダイムを提供する。プリグラムは、もともと単純な刺激・反応モデルを基礎とする行動主義者であったが、それだけでは複雑な心の全体像を記述することに限界があることや、重傷の脳損傷者が予測された記憶を失わない事例などに遭遇していく中で、脳の記憶や認識のメカニズムもホログラムと同じ方式で行われているのではないかと考えるようになったのである。

　これまでの世界観は、「全体は部分という要素から成立している」という機械論的なものだっただけに、このような最先端の物理学や神経生理学の研究などの成果から、部分と全体との関係の見直しがせまられたことのインパクトは大きいものがあった。世界は、決して機械論的イメージでなく、すべての事象が複雑に絡み合ったネットワークを形成しているイメージに変容していったのである。「それぞれの部分の中に全体が織り込まれ」「事象と事象は互いに連関し映し合って、世界を形成するとともに、そのことによって、各事象は、世界そのものを自分の中に写し取っている」（小林、2000）ようなものになったのである。

　ホログラフィック・パラダイムから事例を見直すと、ある事例のある部分

(例：ある症状やある問題行動)には、心の多層多次元にわたる問題が織り込まれていることになる。また部分に全体が織り込まれるからこそ、頑固な症状や問題行動では各層各次元にわたる自己相似的構造が存在するといえる。

「心の多層多次元性」「ホログラフィック・パラダイム」から、先に示した生徒「B」と教師「W」の対立から一気に学校の危機に至った事例を検討すると次のようになる。

生徒「B」の教師「W」への反抗挑戦的態度を部分とすれば、その部分には、生徒「B」の心の内界・外界をめぐる多層多次元にわたる各テーマが全体として包含されている。すなわち生徒「B」自身の生物学的次元における衝動性・興奮性の高さと抑制のテーマ、内的世界の次元における内在化された権威主義的な傾向とそうした権威的表象に対して反抗・自立を試みようとする心の動きといった個人的無意識層における内的対象関係、集合的無意識層では英雄神話のモチーフのようなテーマなどが織り込まれているのである。また、生徒「B」と教師「W」との社会的関係の次元では、教師「W」の説教がましい態度が、飲酒のたびに説教がましくなる現実の父親と自己相似的関係であったりする。また生徒「B」と教師「W」との関係は、日頃から高圧的態度だった教師「W」への級友たちの潜在的反発を代理している面があったり、荒れた体験をもつ教師集団の生徒集団への厳しい管理的指導体制の姿勢など、学校組織体制や学校文化の次元の問題、さらにはそうした学校の校風を支える地域社会の家父長的伝統文化の色濃さの問題など、様々な次元のテーマも織り込まれている。このように生徒「B」の教師「W」への反抗挑戦的態度という部分には、生徒「B」の心の内界・外界や「B」を取り囲む多層多次元にわたる課題が織り込まれている。生徒「B」の反抗挑戦的態度は、その原因を生徒「B」だけに、要素還元主義的に帰せるような単純な問題ではないのである。

このようにホログラフィック・パラダイムでは、心理臨床における多層多次元にわたるテーマを、より統合的に扱う道を開くことが可能となる。

4）内界と外界の狭間で揺れる主体

　人にとって重大な影響を与える外界は、家族、社会、文化、自然、地球、宇宙と、様々なな次元にわたる様々な事象が複雑に絡み合ってひとつの世界を構成している。人は、この複雑多様な外界との出会いを通じて、ある一定の次元を内界に取り入れ自己組織化していく。一般的に人は加齢とともに、最初は各次元が融合していた世界からひとつひとつの次元を区分し、世界の複雑な多次元性に気づいていく。日本人でいえば、家族関係の次元、所属組織（学校・会社等）の次元、地域社会との関係の次元、日本人としての次元、アジア文化圏としての次元等である。人は、様々な次元の発見する度に、外界のイメージの脱統合と統合を繰り返しながら、複雑に絡み合った外界イメージを獲得していくのである。

　この場合、人は、与えられた外界に対して、運命に翻弄されるだけのような受動的存在ではない。人は、家族の中では、ひとりの「部分」として家族に従属するが、しかし同時に自律的なひとつの「全体」としても家族全体にも影響を与える。そしてその家族も地域社会の一部分として従属的性格をもつが、同時に地域社会に影響を与える全体としても振る舞っているのである。このように人や家族などの有機体は、全体の成因のひとつの部分としての顔をもちつつも、他方では、ひとつの自律的な全体としての顔をもつ存在なのである。A・ケストラーは、「部分の顔」と「全体の顔」の二面性をもったヤヌス的存在に対して、「ホロン」(Koestler、1978) と名付けたが、人や家族などの有機体は、まさにホロン的存在なのである。

　人は、内界からの欲求がわき起こってきたときばかりでなく、外界に何かを発見したり、これまで取り込んだ外界との関係に矛盾・対立するような出来事に遭遇する度に、内界と外界の自己調整によってアイデンティティの連続性と一貫性を保とうとする。通常、心の内界・外界の関係が安定していれば、調整は微調整ですむ。しかし、外界と内界との間に強烈な矛盾・対立が生じると、心的構造全体に大きな揺らぎ現象が起きるときがある。こうなる

と揺らぎ現象は、心の各層各次元に至るまで波及し、既存のアイデンティティは安定性や一貫性を維持できなくなる。また自己調整も限界となり、やがて心的危機状態に陥ることにもなる。こうした心的危機は、旧来の心的構造が新しい心的構造に変容するか、または揺らぎ現象が落ち着きを見せるような層や次元が登場するまで続くことになる。

　不登校の事例で考えてみよう。学校に行くことが当たり前のことであった児童「E」と「F」が、ある日、突然、中間テストを来週に控えて、原因不明の腹痛・頭痛などの体調不良をそれぞれ訴えて、連続3日間にわたる不登校状態に陥ったとする。このとき、「E」は、両親や教師の適切な助言も功を奏して、中間テストの目標値を少しだけ下げることで試験からのプレッシャーから解放され学校に復帰することができたとする。他方、「F」の場合は、日頃から本番となると弱いことを気にしていた親や教師が、今回は気力を振り絞るよう励まし、「F」も周囲の期待に応えようとしてみたものの結果的にはうまくいかず、その後、対人恐怖や洗浄強迫などの症状も出現するようになり、長年にわたる不登校のきっかけになってしまったとする。この場合、「E」の場合は、さほど心の深い層や多次元にわたる影響を受けることなく、「E」の心の内外にわたる調整は比較的に容易であった事例といえる。それに対して、「F」の場合は、不登校の契機の表面上の現象だけ見れば、「E」と変わりなく見えるが、実際には、「F」の心では多層多次元にわたる揺らぎ現象が生起していると思われ、根の深い問題を抱えていると思われる。恐らく、「F」のような不登校には、「F」自身の内面の問題ばかりでなく、両親や関係者の対応を含む幾多の問題が織り込まれているとみる方が適切であろう。一般的に、微調整では対処できないような心的危機の場合、「死と再生のテーマ」と呼ばれるような大がかりな心的作業が必要となる。「F」の事例のような場合、「F」及び家族や関係者には、「F」のこれまでの生き方、家族のこれまでのあり方、学校のこれまでの対応等を根本から見直す作業が必要となってくるといえる。そしてその見直しとは、新しい生き方・あり方を創造するという一大作業となる可能性がある。

通常、人には、外界の混乱が、内界にそのまま侵入したり、内界の混乱がそのまま外界に露出することがないように、内界と外界との間に心の壁（自我境界）のようなものがある。この心の壁のおかげで、心の内外に一定の境界を引くことができ、内外の揺れに柔軟に対応できるようになっているともいえる。壁の強度や構造には、個人や年齢の違いによる差異がある。しかし、発達段階にかかわらず、外界と内界との絶え間のない相互交流の場こそが、主体（私）が発生したり強化されるところであることには変わりない。人は、内界と外界が絶え間なくぶつかり合う狭間にあって、その揺らぎの中から自己組織化を図り、自己の核としての主体を形成したり強化しながら自己同一性を保とうとする存在なのである。

　その意味では学校は、子どもたちの適切な主体を育んだり強化することが期待される場といえる。しかしながら今日の学校は、主体が安定化する場というよりは、むしろ主体が絶えず揺らぎ続ける場になってきてしまっている。なぜならば、急激な社会文化の変動を反映して、学校には、異なる考え・価値観・感覚をもった人々が集まる傾向が高まり、その結果として人間関係が極めて対立と緊張の生じやすいストレスフルな場になってきているからである。こうした点を考慮すると、これからの学校は、内界と外界の狭間で揺れる子どもたちの主体に焦点をあわせ、揺らぎの中からより適切な主体を獲得していくことを支援するような環境を積極的に大人たちが創りだしていくことが急務といえる。学校という場が、その適切な主体を育むための適切な容器となる機能をもっているかどうかが問われ出しているのである。

　このように学校心理臨床では、内界や外界のみを重視する態度でなく、「心の内界と外界の狭間に揺れる主体」に焦点化していく姿勢が大切となろう。

5）俯瞰する力（全体を眺望する視点）

　学校心理臨床では、クライエントの多層多次元にわたる心の内外の対象関係ばかりでなく、クライエントを取り囲む学校内や学校外の次元も考慮し、そ

こに働く複雑なパターンや全体の流れを眺望し、全体の流れが最もスムーズになる方向を見定めていくことが大切となる。

　全体を眺望しようとするとき、重要なポイントがある。それは、「眺望しようとしている者を観察対象に含み、より上位の方向から俯瞰する」ことである。

　近代科学的観察法では、「観察する者（私や私の主観）」の影響を排除するため、いつどこでも誰でも、同じ手続きさえ踏襲すれば、同じ結果がもたらされるような観察環境の条件整備を図りながら、数々の輝かしい普遍的法則を発見してきた。実はこの近代科学的パラダイムは、今日の学校教育にも大きな影響を与え続けている。多くの教師は、児童・生徒の言動をできるだけ客観的に観察し、一般化された法則や経験法則を活用し、どの教師が対応しても児童・生徒に対して公平になるように配慮してきた。実はこうした枠組みそのものが、近代科学的パラダイムを無意識のうちに採用している。なぜならば、そこには観察する者とされる者の関係は「切断」され、観察者は匿名性に雲隠れしているからである。近代科学的パラダイムにどっぷりと浸かったベテラン教師というものは、独特の「教師らしさ」を醸し出す。彼らは、何事にも冷静沈着に行動し、客観的に正しい判断を下すことを理想とする。そして、その理想的教師像に向かって自らの主体を同一化させ、誰から見ても教師という社会的仮面（ペルソナ）をしっかりと身につけていくのである。しかし、ペルソナに主体を同一化させすぎた教師の場合、その人自身の「私らしさ」は自ら過小評価されてしまい、児童・生徒とその教師の相互作用の中で生じる問題も隠蔽されやすくなる。ペルソナに同一化しすぎた教師は、いつどこで誰が何をしたかといった事実レベルの出来事の把握には長けるが、そのとき、自分自身がどのように働き掛け、またとくにどのような気持ちが動いたかについては、案外無意識的となる。その結果、自分言動の影響は、よい場合であろうと悪い場合であろうと意識化されず無視されやすい。また仮にそのときの言動を想起できたとしても、想起内容は一般化された法則や経験法則を根拠とする「指導」「注意」の下に抽象的にひとくくりにしてしま

う傾向がある。そのときの場面がもっていた固有性、ドラマ性、物語性などの微妙なニュアンスは欠落してしまうのである。しかも、事態が好転しないときほど、「○○が問題だ」というような一般論的な原因説明だけを、感情爆発的に語り続ける現象が見られるのである。

　学校心理臨床を血の通った人間同士の物語としていくためには、近代科学的パラダイムを超えて、クライエントばかりでなく、教師やカウンセラーを含む相互作用や関係性を対象化し、俯瞰的に内省していくような謙虚な姿勢が重要となる。しかし、このような俯瞰的観察法を身につけるためには相当の訓練が必要である。その意味では、臨床心理士は、面接関係の中で投影してくるクライエントとの関係における転移感情や、逆に自分自身がクライエントに向ける逆転移感情を意識化する訓練をしており、自分の言動が相手との関係にいかに影響しているかなどについて内省する度合いが教師よりは強い。また事例研究やスーパービジョンを通して、こうした自分を含む関係性を観察するような自己研鑽を積んでいる。

　このように教師と臨床心理士では、他者との関係において異なる観察法をもっている可能性がある。しかし、だからこそ、この二職種がコラボレートすると思わぬ発見と創造がもたらされることになる。臨床心理士は、教師との交流を通じて、児童・生徒（保護者）に関する面接外の豊富な客観的情報を入手し、その情報を元に、狭い面接時空間における知見ばかりでなく、もっと幅広い全体的な構造から事例を俯瞰的に見直すことが可能となる。逆に、教師は、臨床心理士との相互交流やコンサルテーション体験を通して、その時々の状況の中で、自分自身がどのような信念や枠組みや感情に動かされて、いかなる言動をとったかという「私」に関しての洞察の促進と、私と事例との関係性の意識化が促進されることになる。この意識化があって、どのようなパターンが悪循環となっており、いかなるパターンが有効かについての手がかりが自ずと明らかになってくるのである。

　このように学校心理臨床では、「観察する者」を含む「俯瞰的構図」の中で、ある部分の中に含まれる多層多次元にわたるテーマを内省的に研究して

いく姿勢が重要となる。

　人は、俯瞰構図的内省体験を得て、初めて症状・問題行動を起こしているときの悪循環パターンから抜け出て、これまでの自己及び世界との関わりを対象化し、見直すことが可能となる。また俯瞰構図的内省の枠組みを通じて、「心の内外の世界を、より創造的に歩むための主体の回復や新しい主体の確立」が可能となり、旧来のアイデンティティをより適切な高次の観察主体の下に統合することができる。それは心の構造的変容、すなわち新しい物語（生き方・神話）を創造することにほかならないといえよう。

＜参考文献＞
- 井上政義（1996）：カオスと複雑系の科学．日本実業出版社．
- Wilber, K.（1977）：The spectrum of consiousness：吉福伸逸・菅靖彦訳（1985）：意識のスペクトル（1）（2）．春秋社．
- Capra, F（1975）：The Tao of Physics：吉福伸逸ほか訳：タオ自然学．工作舎
- 河合隼雄（1992）：心理療法序説．岩波書店．
- 神田橋條治（1995）：「治療のこころ」．7．花クリニック神田橋研究会．
- Koestler, A.（1978）：Janus：田中三彦・吉岡佳子訳：ホロン革命．工作社．
- 小林道憲（2000）：複雑系社会の倫理学．ミネルヴァ書房．
- Koch（1952）：THE TREE TEST：林勝造・国吉政一・一谷彊訳（1970）：バウム・テスト．日本文化科学社．
- Ｃ＋Ｆコミュニケーション編・著（1986）：パラダイム・ブック．日本実業出版社．
- Heisenberg, W.（1971）：Der tell und das ganze：山崎和夫訳（1974）：部分と全体．みすず書房．
- Pribram, K.（1971）：Languages of the brain：須田勇監修，岩原信九郎・酒井誠訳（1978）：脳の言語．誠信書房．
- Bohm, D.（1980）：Wholeness and the implicate order：井上忠・伊藤笏康・佐野正博訳（1986）：全体性と内蔵秩序．青土社．
- Mitchell, A. Ogilvy, J. Schwartz, P.：The VALS Typology．（1986）：吉福伸逸監訳，鸇田栄作・大野純一・小堀寛訳（1987）：パラダイム・シフト．ＴＢＳブリタニカ．
- Wilber, K.（1982）：The holograhic paradigm and other paradoxes. 井上忠他訳（1984）：空像としての世界　ホログラフィをパラダイムとして．青土社．

資料編

資料1　学校文化と臨床心理文化の対比表（2000.9　定森恭司）

旧の学校文化	旧の臨床心理の文化
集団	個人
行動	心理
外界の現実の重視（客観的現実）	内界の現実の重視（心的現実）
様々な生活の場	面接室・遊戯室
指導	援助
臨機応変	定期的
課題解決型	内的プロセス重視型
日常的	非日常的
学年・学期の区切り	時間的流れが、本人の成長待ち
学習目標の実現	自己実現的
過去・未来志向的	今・ここの実存的体験の重視
平均的能力の獲得	個性的実存感覚の獲得
男性的	女性的
修復・除去モデル	症状の意味・目的の探究
競争原理的	共感と関係性の原理
一元的	多元的
規範的	非規範的
意識的	無意識的
適応的	自己探究的
教えることの重視	自己発見の重視
何を学ぶか	いかに学ぶか
最低基準としての知的学習	意味ある人生の獲得

↓

適切な異文化交流の促進

↓

新しい教育文化の創造へ

漸近線を描くがごとくせめぎあいつつ、差異と共通理解の相互理解を図る中で、新しい教育文化の創造に向かって共同作業を行う。

- 学校という有機体(生き物)を構成している風土とその構造の理解の促進
- 学校という全体の中での自分という部分の位置の俯瞰
- 症状や問題行動に象徴されている多次元的重層的課題を見立てる（心の内界・外界の絡み合いの物語をできるだけ平易な言葉で具体的かつ立体的に描きだす）
- 見立てに基づき、現実に実行可能な課題を絞り込む
- 「内界と外界の狭間」で揺れながらも、「問題解決の主体」となるような児童・生徒を育む視点からアプローチする
- 相談・援助体制の構造化への努力
  - 「関係性の行動パターン」と「変容プロセス」を時系列的（物語的に）把握する
  - 悪循環パターンと良きパターンの分析と新しい関係性の模索
  - 「ほどよい器づくり」→個々の児童・生徒の発達を促進するように心の内界・外界をより統合的に調整する
  - 継続的個別相談の強化と、多様な相談・援助体制の構造化への努力
  - 事例に関わる人々の共通理解促進（事例研究等）
  - 学校内外の社会資源を事例に応じてネットワーク化する（橋渡し・つなぎ機能）
  - 浅くて広い一次的教育相談システム＋深くて狭い二次的専門的援助
  - チーム感覚：1人で抱え込まず、かつ他人任せにしない
  - 学内の教育相談推進母体作りとそのバックアップへの参画
- 家庭支援の模索
  - 家庭指導から家庭支援の場としての学校づくりへ

資料2－1
伊藤亜矢子「学校風土」(1998) 心理臨床学研究　Vol.15, No.6, P.659-670

　SCとして学校で活動される以前、「風土」を研究しておられた筆者は、「その風土研究を基盤に、①学校という「場」の風土を捉え、②それに即した動きをし、③その上でシステムへの介入を意識して個々の実践を行うことを心がけた」とし、SCとして、風土に着目した介入の試みを報告している。

　筆者がSCとして学校の中でどのような点に着目していたか、を以下に引用した。
　＊「校長は学校風土を形成するキーパーソンである。」
　＊「校区の地域的な特徴は、生徒の生活史や親の学校への期待などを通して、学校に影響する。」
　＊「初めて学校に入るときの印象は、その学校の風土を端的に表す場合が多い。」
　＊「夏休みまでには学級づくりや実践の流れが進んでいるはず。」
　＊「A中学校では保健室が息抜きの場。」
　＊「部外者が校内に入ることで生じる抵抗に配慮。」
　＊「学級には，雰囲気・構造などその学級に個性的な「場」の性質（学級風土）がある。学級の生徒と交流しながら、学級内での「気掛かりな生徒」の姿を捉え，同時に，調査研究の経験に照らして学級風土を見立てた。」
　＊「多忙な学校現場にも、数分の立ち話なら「場」に馴染む。」
　＊「学級の「風土」から問題の予兆がかいま見える場合がある。しかし「学級風土」は教師の指導方針や信念との関わりも深い（渡邊ら、1883）。「学級王国」と言われ、担任は他の先生に相談しにくく、他の先生も学級について言いにくい構造もある。学級風土を担任の先生とどう変えていくかはきわめて難しい課題だった。反対に，学級に支持的な風土が構成され、それによってハイリスクな生徒が支えられている場合もあった。精

神保健的な観点から見たその事の意味や重要性を担任の先生に伝えた。」

*筆者が活動当初から意識したのは，「①部外者への抵抗感、②学校の多忙さ、③「学級王国」などの学校文化的背景、④Ａ中学校の学校風土，学級風土の把握だった。」

*伊藤氏は第6回学校臨床心理士全国研修会において、上記の学校での実践について言及される中で、ある日学校へ登校した際、ただならぬ気配を感じ、注意深く観察してみたところ「カーテンが揺れていない」ことを発見する。その日は定期試験中で、生徒たちが教室内で静かに勉強していたため、カーテンが揺れていなかったということが後で分かったという事実を話され、伊藤氏が「風土」と呼ぶものは、そうした五感をフルに活用して感じ取るものであると述べられたことは、筆者にとっても非常に共感的に了解されるものであった。

資料2－2

学校を見立てるための指標
1．SCの雇用・ニーズに関するもの
2．自治体（県市町村）を見立てる
3．学校区を見立てる
4．地域の「人」を見立てる
5．学校を見立てる
6．教職員集団を見立てる
7．子ども集団を見立てる：学校全体・学年別・クラス別に把握

1．SCの雇用・ニーズに関するもの
- 雇用主体（県・市・町・村／その自主性）
- 勤務形態・勤務条件（時間／賃金／巡回・拠点校・拠点等の方式の違い／SCの人数など）
- 雇用前接触の有無、そのあり方（誰が、どのように…）
- SCへの雇用主体からの要請の有無、および内容
- SCの職員室での席の有無と位置
- 「相談室」の有無と位置・内容
- SCの紹介のあり方（対教職員・対児童生徒・対保護者・対地域）

2．自治体（県市町村）を見立てる
- 町村合併の歴史
- 産業構造の変遷と現在：第一次から第三次までの構成比
- 市町村長の歴史
- 議員の構成（政党・年齢・男女比等）
- 地域組織の組織度合い
- 人口動態

- 教育委員会の体質・学校との関係
- 地域資源
    - 児相、保健所・保健センター、病院、相談室等の有無・分布、学校との関係
    - 教育・福祉・母子保健行政（適応指導教室の設置の有無・その活動内容、その他）
    - 児童・民生委員・家庭児童相談員・教育相談員・心の教室相談員・電話相談等の活動と学校との関係

3．学校区を見立てる
- 転出入・転校・人口動態
- 地域経済・産業（自営・勤務）
- 年齢層別人口
- 主たる世帯構成（単親・核家族・多世代家族…）
- 住宅構成（新旧、戸建て・集合、賃貸・持ち家、社宅）
- 住宅の新築具合
- 土地付き一戸建て住宅の購入費
- 民間マンションの売れ行きと値段
- 県営・市営の集合住宅の設置数と場所
- 児童館・児童公園等の設置数
- 車の駐車状況
- 交通アクセス・道路状況
- 神社の有無
- 伝統文化
- コンビニ・本屋・ファストフード・100均ショップ等の存在
- 自然（森・林・川・田畑）の状況
- 塾の構成
- 幼稚園・保育園・小学校数
- 方言・しゃべり方

- 冠婚葬祭等の風習（嫁入り儀式・棟上げ・葬式等）
- 児童・生徒のたまり場の有無
- 地域風土の開放性・保守性・権威的・教育的熱意
- 私立中学進学率
- 学校施設の開放度

4．地域の「人」を見立てる
- 地域組織の主たる役職者の年齢構成
- 地域組織関係者の町・ムラ意識（「うちの子」と言う発言）
- 地元の祭りや行事の運営状況・学校の関与具合
- 民生・児童委員（年齢・性別等）
- 保護者以外の大人の学校への出入り状況（部活動等への協力等）
- ボスの有無と力
- 暴走族・やくざ組織の有無
- 学校へのTEL（多寡と内容）
- 市民組織の有無とその活動内容（教育団体・ボランティア団体等）
- 保護者
    - ＰＴＡ役員の選出方法・状況
    - ＰＴＡからの学校長への要望の状況（その内容）
    - 講演会やＰＴＡ行事への参加率（自主か動員か、発言の多寡・内容）
    - 保護者における卒業生の比率
    - 保護者の学歴・職業・勤務形態
    - 保護者と管理職・担任との関係
    - 来談希望の保護者の有無・多寡。その自主性
    - 保護者からの相談の内容

5．学校を見立てる

*外的な指標

- ・学校の規模（クラス数・生徒数・教職員の数）
- ・私立・公立。別・共学
- ・住環境：校舎の建築構造、新旧、空き教室の有無・利用状況等
- ・その整備状況：清掃状況、花壇の手入れ、器物破損状況
- ・職員室と休憩所：位置、広さ、机の配置、利用の仕方（教職員・児童生徒）
- ・校長室の位置、利用状況
- ・生徒指導室・教育相談室・「心の教室」の有無、位置、利用状況
- ・保健室の位置、開放の有無、利用状況
- ・校史：校内暴力の有無、程度、時期、それへの対応
　　　　創立・分化・統合の時期

*内的なもの（「校風」）のアセスメントのための観点・指標

- ・神話・スローガン
- ・伝統性への保守性（革新性）
- ・地域社会に対しての閉鎖性・開放性
- ・情報開示の有無（対外的・内的）
- ・雰囲気（バラバラ・ギスギス・のんびり・一部熱心・統一的等）
- ・規範の特性と遵守度：校則等の規則の指導特徴（大枠か細部にこだわるか）
　　　　　　　　　　：規範への遵守度の強要度合い
- ・管理体制の中央集権性
- ・登下校時の規則（ヘルメットの着用等）
- ・学校行事：その内容。教師・生徒・保護者の参加態度等。
- ・遅刻・欠席の取扱
- ・部活動：成績、熱意、教師以外の関与の有無
- ・教室外登校の生徒の扱い（試験の受け方・成績の付け方等）

6．教職員集団を見立てる

　＊外的システムのアセスメント
　　・校務分掌とその実態把握：SCの位置づけ、その有無
　　・委員会組織とその実態把握
　　・SC活用についての話し合いの有無とその内容

　＊内的システムのアセスメント
　　・決定・伝達・意志疎通のプロセス・内容
　　・教職員相互の関係性（教員相互、管理職と教員、教員と職員、管理職間）
　　・学校長の校長会での位置
　　・校長等のリーダーシップ
　　・校長の教育観とそれへの教職員からの信頼度
　　・職員室での様子：会話の内容・多寡。教職員の在不在・集まる場所・
　　　雰囲気

　＊教育相談システムのアセスメント
　　・「問題生徒」の把握のあり方：学校全体で集約的？　学年単位？
　　　　　　　　　　　　　　　　　数人単位？　担任のみ？
　　　　　　　　　　　　　　　　　担任以外の個人？
　　　　　　　　　　　　　　　　　個人記録の有無、その内容、利用状況
　　・SC活用に関して：SCへの相談依頼のあり方：誰から？　どのように？
　　　　　　　　　　　SC担当者の立場、動き方、学内での位置づけ
　　　　　　　　　　　教職員のSCとの距離の取り方：業務上・個人的興味
　　・養護教諭の動き方と学内での位置づけ（SCとの関係）

　＊事例におけるリソースとしての教職員

7．子ども集団を見立てる：学校全体・学年別・クラス別に把握

　＊アセスメントのための観点
- 集団統制への受容と否定の度合い
- 集団の価値への没入と疎外の度合い
- 子ども集団の構造
- 子ども集団の全体的な自我の発達水準
- 子ども集団から疎外されている子どもの特徴や類似性

- 対教師との関係（職員室への出入り、言葉使い等）
- 学年間の関係（強い上下関係の有無等）
- 学外とのつながり（卒業生・大人・他校生）

- 異文化なものとして排除されている影の特徴とその推定（子どもの中で何が排除されているか）
  頑張りイズムの欠如、耐性の欠如、相手への思いやり・配慮の欠如、自己献身の欠如、意欲の欠如、規範意識の欠如、勉強意欲の欠如
- 規範の特性と遵守度
  規範への遵守度の強要度合い
  規範やルールの改変のシステムの有無
  規範や規則の特性（大枠の一般的なものか、細かい規則があるか）

　＊アセスメントのための具体的指標
- 流行しているもの（マンガ・ＣＤ・ゲーム・タレント・TV番組…）
- 教室内の放課・授業態度
- 校則の遵守度合い（制服の乱れや遅刻の頻度）とその数
- 授業中の学校内外でのたむろ状況
- 行事時の集団行動の乱れ具合や合わせ具合
- 児童・生徒会の活動状況

・部活の活動状況
・校内の汚れ具合（煙草の跡・ゴミの程度）
・器物破損状況
・対生徒間暴力やいじめの頻度（校内と校外）
・対教師暴力の頻度
・他校と比較した学力水準
・放課中の遊びの内容

＊見立てとして・リソースとして：各IPにおけるソシオメトリー

資料 3 － 1

2003年3月作成
愛知県臨床心理士会SCWG

はじめてスクールカウンセラーになる人へ

（1）社会人としての自覚をもつ

　大学院を修了したばかりの人は、まず、自分が社会人であるという自覚をもちましょう。大学に長くいると学生気分が抜けないものです。しかし、学校は外の社会です。あなたは1人の臨床心理士、スクールカウンセラー（以下SCとする）として扱われます。あなたの仕事に対して、税金から報酬が支払われます。このことを自覚し、あいさつ、服装、言葉遣いなど、常識を踏まえて振舞いましょう。

（2）まず学校を知る

　まず、今の学校がどんなふうになっているかを把握しましょう。学校要覧をみせてもらえば、学校の規模や歴史などが分かります。学校の動きは年間、月間の行事予定で分かります。時間割や日課表にも目を通しましょう。学校の了解が得られれば、授業を見せてもらったり、行事や部活、給食などに参加したり、校内を歩いてみたり、自分の目や耳で確かめると様子がよく分かります。中学校のSCの人は、校区内を歩いてみたりすることで、地域の風土・世帯構成や産業などを実感することも、その後の学校理解が深まることもあります。そのときの感動、驚き、疑問などを忘れないでください。また、これまでの学校がどのような問題を感じ、どのような自助努力を積み重ね、いかなる成果と傷つきをもっているのかなどを学校の歴史に詳しい先生などに教えていただくのもいいでしょう。

（3）学校のニーズを知る

　学校の特徴、ニーズは様々です。派遣された学校が、SC事業についてどの程度理解しているか、何をしてほしいと思っているか、SCの方でアセスメントしていてください。また、ニーズがある教師の個人または一部のものであるのか、学校全体のニーズであるのかの見極めも必要です。理解やニーズが曖昧な場合は、それを話し合うことから始めましょう。受け入れが悪く、話し合えないときは、自分でアセスメントした方向でとりあえず動きながら、協力していける人を見つけていきましょう。

（4）学校の仕組みを理解しよう

　学校運営は、何事も組織的かつ計画的に行われています。したがって、SCが何かをしようとするときも、多くの先生方の協力と理解を得るとともに、管理職の立場の方の承認・支持や協力を得て活動してください。非常勤のSCは、先生方の協力なくしてはほとんど何もできません。SCも学校組織の一員であり、最終的な責任は校長にあることを忘れないでください。

　学校組織体制としては、クラス担任、教科担任のほかに、学校には校務分掌というものがあり、先生方の役割が決まっています。関わりが多いのは、生徒（生活）指導、（教育）相談、研修、進路指導などの担当（部・係）の先生方です。一般に何か生徒のことで問題が生じると、はじめは学級担任レベルで、次に学年主任を中心とした学年団（部会）で、そして校内分掌に基づいて学校全体で、という順で対応がなされます。学校のシステムがどうなっているのか、その中でSCはどこに位置づけられているのかを把握しましょう。そして、どの問題は誰に伝えればよいかを判断してください。

（5）様々な活動

　SCの活動は、個別カウンセリングだけではありません。廊下での子どもとのチャンス相談、教師へのコンサルテーション、教師と親、教師と子どもの調整役的活動、学校外の社会資源との橋渡し、校内の委員会への出席、カウ

ンセラーたよりの発行、総合学習への参加、保護者向けや現職教育での講師、災害や事件発生時の危機介入など、様々な領域があります。また、活動対象も、健康な子どもや保護者から症状や問題行動をもった子どもや家族まで広く捉えた方がよいでしょう。教師からも臨床心理学の専門家としてのいろいろな意見やアドバイスを求められることも多いでしょう。しかし最初から、これらすべての活動をこなすことはできませんし限界もあります。それだけに、自分のできることと学校側のニーズのすりあわせの中から、当面できそうなことから地道な実績を積み上げ、日々研鑽しながら活動内容の質を高めていくことが大切となります。

（6）先生と仲良くなろう、キーパーソンを見つけよう

よい仕事の第一歩は、相手を知るところから始まります。信頼関係ができなければ、相談してもらうこともできません。まず、先生方と話をしましょう。お互いに専門家であるという前提で、相手の立場やプライドを尊重しましょう。健康な子どもたちの取り扱い、集団の動かし方など、SCの方が学びとることもたくさんあります。雑談の中で、部外者の素朴な疑問、感想などを話題にしてみると、先生とSCの違いが見えてくるようになります。雑談や井戸端会議は、案外、相互コンサルテーション的な意味をもつ、大切な活動のひとつです。そのためにも、職員室に机をもらうとよいでしょう。また、先生方と話すときは、専門用語を使わず、具体的に分かりやすく説明するよう努力してください。

管理職、生徒指導や教育相談の担当者、養護教諭などが、あらかじめSC担当窓口になっている場合もありますし、そこまで明確になっていなくても、自然にキーパーソンになっていく場合が多いようです。もし窓口が不在の場合には、SCと学校との間の橋渡し役として、話しやすい、理解のある先生を見つけて、窓口になっていただければ活動がやりやすくなります。ただし、近づいてくる人だけに頼っていると、教師集団の中での位置づけが見えなくなる危険性がある場合もあります。慎重に観察することが必要です。

(7) 相談について　その1：秘密保持の原則を決める

　相談を受けるようになったら、とくに秘密保持について、原則を決めておくことが大切です。SCに子どもや親が面接内容の秘密の保持を求めてきた場合の学校側に開示できる情報や伝える相手の限界（チーム内守秘義務の原則等の確立）、記録をどこに保管するか、誰が見ることができるのか、誰とどこまで秘密を共有するか、など話し合っておいた方がよいでしょう。学校の中で活動しているかぎり、最終的な責任は校長にありますから、一切を秘密にするのは難しいと思います。また、このような態度では、うまく先生と連携していくことができません。むしろ異なる視点と態度をもった専門家同士の交流を大切にしながら、大枠の見立てや援助方針の共有化を図りながら活動する姿勢が大切となります。逆に、生徒に関わる重要な問題は、積極的に関係者で共有し、その外に漏れないように配慮するのが有効かと思います。病院臨床の経験のある方は、チーム医療の考え方と同じように理解してください。

(8) 相談について　その2：相談室の敷居の高さ

　相談室には、息抜きや暇つぶしの感覚で気楽に訪れる生徒から、ある決意や動機を胸に秘めてやってくる生徒まで、それぞれの期待や思いをもってSCのところにやってきます。どのあたりの生徒たちをターゲットにして活動するかは、校種、学校のニーズ、SCの個性などで異なります。SC窓口担当やキーパーソンとなる先生をはじめ学校のスタッフとよく話し合えるといいでしょう。

　こうしたSCや相談室の利用しやすさ、いわゆる相談室の敷居の高さは、SCの印象、相談室の設置場所と雰囲気、SCの来校日と時間帯、相談申込みの方法などの要因に規定される面があります。敷居の高さはどのくらいに見られているのか、どのくらいの敷居の高さが適当かを、自分の個性や学校のニーズのバランスを見ながら考えてみましょう。

　（例：「悩みがあったら相談をしてください」と相談室の入り口に掲示していたときは、ほとんど子どもの自主来談はなかったが、「お話ルームです。お気軽にお寄りください」と

掲示したら非行のたまり場になったという話もあります）

（9）問題の見立てと臨機応変の対応

相談を始めると、担任の悪口を言うだけで元気になるような健康な子どもたちから、病的と思われる子ども、家族病理が根深くて学校でのカウンセリングだけの対応では限界がある問題まで、様々なレベルの相談がもち込まれます。ケースごとに対応の方法を検討してください。また、時間をきちんと決めた面接は、高校生と保護者以外には難しいと考えた方がよさそうです。「心理臨床的な関わり」を念頭におきながら、臨機応変の対応が必要です。

すべてのケースをSCが解決できるわけではありませんし、解決できたからといってそれがその学校の力になるとはかぎりません。自分でできることでも1人で抱え込まないで、先生方とコラボレーションしていく感覚で取り組みましょう。自分が「スクール」のカウンセラーであるという意識や自覚をどこかにもちながら仕事をしてみてください。

健康な子どもたちとの接触は、臨床心理士にとって盲点となっているところです。大いに経験させてもらいましょう。

（10）個性を活かして

SCの活動にスタンダードはありません。日常の臨床と同じように、基本さえおさえていれば、あとは学校の特徴とSCの個性のかけ算で決まります。本などには、素晴らしい実践がたくさん報告されていますが、あるSCがある学校で活動した方法を、他の学校で他のSCがやっても、同じような効果が出るとは限りません。文献や人の話は、あくまでも参考にして、自分にあった活動を見つけていってください。

（11）困ったときには

SCの活動は十分に構造化され、理解されている中で行われるものではありません。不慣れなシステムの中で、複雑な問題を1人で考え、判断しなけれ

ばならないことも少なくありません。また、突然校内研修やＰＴＡ講演などを依頼され、何をしたらよいのか戸惑うこともあるでしょう。困ったことがあったら、先輩のSCに相談するとか、個人的にスーパービジョンを求めるなどしてください。決して１人で考え込まないようにしましょう。愛知県学校臨床研修会への参加は義務でもあるので、必ず出席して、多くのSCと交流をもつとよいと思います。

資料3－2
学校臨床心理士の新規参入の留意点（参考例）

①参入前	ニーズ（どのような心理臨床機能を求めているか、緊急か否かなど） 学校状況（学校規模、児童・生徒の発達段階、共学・別学、周辺地域の社会・産業・文化・歴史・経済の状況、学校の立地条件） 募集方法（依頼の仕方、誰にどのような方法で、仲介者は？） 募集条件：勤務態様・待遇（文部省の規定通り？） 勤務条件（勤務時間、勤務日、勤務場所、組織上の位置付け、職務内容）
②打ち合わせ時点	ニーズ（意識的or無意識的、管理職、教員、児童・生徒、保護者） 学校状況（地域住民との関係、教員、児童・生徒の様子） 勤務態様・待遇（常勤or非常勤、教員待遇or事務職待遇） 勤務条件（勤務時間、勤務日、勤務場所、組織上の位置付け、職務内容） 勤務場所（部屋が用意されていても籠らない、職員室内に居場所確保、用意された部屋の位置、数、広さ、入り口、照明、備品、設備などの把握） 最初の接触（就職面接、依頼の内容、採用条件、意図、担当者） 学校臨床心理士に村する学校コミュニティの認知（導入のコンセンサスの有無） 可能な介入法のリスト作りと起きるプロセスの予測（見立てと見通し）
③赴任時	ニーズ（意識的or無意識的；管理職、教員、児童・生徒、保護者） 学校状況（教員、児童・生徒の学校生活の様子） 勤務態様・待遇、勤務条件、勤務場所（変更する場合がある） 挨拶（各校務分掌・自治体内の関連機関への挨拶、反応観察） 業務（来室者、児童生徒への対応：深い関わりは避ける） 学校臨床心理士に対する学校コミュニティの認知 学校コミュニティに対する見立て・見通しの修正 コンセンサスができている場合は初期に移行
④初期	ニーズ、学校状況のさらなる把握 業務 ・校内散歩：事務室、用務室、職員室などの住人と接触、反応観察 ・学校行事参加：求められた学校行事にはなるべく参加しながら観察 ・校外の地域資源開拓、調査：利用可能な病院、相談所などのリスト作り（コーディネーターなど県士会のバックアップ） ・来室者への対応：この時点での接触の意図、臨床家への認知を含めて査定 ・児童生徒：様子を見に来る、トリックスター、心理治療は避ける、枠作り ・コミュニティの成員は臨床家の様子を観察している（自己紹介の時期） 学校臨床心理士に対する学校コミュニティの認知の変化 学校コミュニティに対する見立て・見通しの修正 学校臨床心理士への認知が安定してきたら成長期に移行

⑤成長期		ニーズ、学校状況のさらなる把握、業務本格化の条件査定（治療構造など）
	業務	─ 校内訪問、学校行事参加は継続、校外の地域資源開拓、調査 教師、児童生徒の生態学的観察、システム的把握 教師コンサルテーション開始：職員室での雑談などの生活場面接業務 児童生徒：ガイダンス、コンサルテーションなどの浅い面接、おしゃべり 校外専門機関：ニーズがあればリファー 保護者面談開始：ガイダンス、コンサルテーション 保護者、児童生徒対象の会合などへの講師としての参加（ニーズによる） ─ 地域中心主義のスタンスでニーズ・学校状況に合わせて徐々に進める
		学校臨床心理士に対する学校コミュニティの認知の変化 コミュニティに対する見立て・見通しの修正 学校臨床心理士が専門職として認知されたら安定期に移行
⑥安定期		ニーズ、学校状況のさらなる把握、業務本格化の条件査定（治療構造など）
	業務	─ 校内訪問、学校行事参加は継続、校外の地域資源開拓、調査 教師、児童生徒の生態学的観察、システム的把握 教師コンサルテーション本格化（職員室などでの生活場面接も継続） 学年会、進級査定会、生徒指導連絡会などへの参加要請 児童生徒：浅い面接、おしゃべりの継続、カウンセリング開始 校外専門機関との連携・協力の開始：役割分担、研究会など 保護者面談：ガイダンス、コンサルテーション 学校行事への講師としての参加の定例化（ニーズによる）地域中心主義 ─ のスタンスでニーズ・学校状況に合わせて徐々に進める
		学校臨床心理士に対する学校コミュニティの認知の変化 コミュニティに対する見立て・見通しの修正 学校臨床心理士の業務が評価され、位置付けが確定したら発展期に移行
⑦発展期		ニーズ、学校状況のさらなる把握、業務本格化の条件査定（治療構造など）
	業務	─ 学校内外を含めた生態系システムとしての学校コミュニティの把握 教師コンサルテーション、保護者面談継続 校内ネットワーク作り、新規採用教員研修講師要請 児童生徒：浅い面接、おしゃべりの継続、心理療法開始 校外専門機関との連携・協力：役割分担、研究会、講師要請など 学校行事への講師としての定例的参加 ─ 地域中心主義のスタンスでニーズ・学校状況に合わせて徐々に進める
		学校臨床心理士に対する学校コミュニティの認知の変化 コミュニティに対する見立て・見通しの修正

学校臨床心理士ワーキンググループ発行（1997）
「学校臨床心理士の活動と展開」から抜粋

資料3−3
外部諸機関名、業務、関わる人

(平田慶子, 1988を一部改訂)

系統	名称	関係機関と主たる業務		専門的な職員	行政機関等から委嘱する人	民間の有志・ボランティア
		地域ケア	施設ケア			
教育	●教育研究所(センター)内の教育相談部 ●教育相談所(室) (自治2−5, 教育行政−30) ●教育委員会(自治−180, 教育行政−1) スクールカウンセラー活用調査研究委託 スクールカウンセリング	通所相談・訪問相談 学校訪問相談 親子相談・親子指導 (各障害別学級)	盲学校(寄宿舎) 聾学校(寄宿舎) (各障害別学級(校)) 病弱児養護学級(校)	臨床心理ないし関連領域専攻者 教育相談経験のある教職経験者 生徒指導経験の研修をうけた教師・ 生徒指導主任・生徒指導主事・ 進路指導主事 スクールカウンセラー (学校臨床心理士)	メンタルフレンド	フリースクール フリースペース
福祉	●児童相談所(児福−15〜18, 26) ●福祉事務所 (児福−18, 生保−19) ●心身障害者福祉センター(身障福・心障−10)	通所相談・訪問相談 宿泊治療 施設入所等の指導・措置 里親・ファミリーグループホーム 通所指導・訪問指導 通所指導(母子寮)・訓練	一時保護所 養護施設 虚弱児施設 各障害別施設 情緒障害児短期 治療施設, 教護院	医師, 児童福祉司 児童判定員 心理判定員 家庭指導員・保育士 教護・教母・社会福祉主事 身体障害者福祉司・ 精神薄弱者福祉司	児童委員(民生委員) 母子相談員 メンタルフレンド 家庭相談員 身体障害者相談員 精神薄弱者相談員 母子保健推進員	B.B.S(Big Brother and Sisters Movement)会員
保健・医療	●保健所(保, 教育行政−57, 児福−18) ●精神保健センター(精保福−7) ●病院 ●精神病院(精保福−4)	健康相談・精神衛生相談 精神衛生相談 通所治療	院内学級 入院治療	保健師・看護師 心理職・福祉指導員 看護師		
司法・矯正	●警察防犯部少年課(警) ●少年補導センター(少年センター) (自−31) ●家庭裁判所(裁−18) ●保護観察所(予防更正−18) ●少年鑑別所(少, 少院−16, 17)	補導 通所指導・出張相談 通所指導・措置 保護観察	少年院 少年鑑別所	警察官・婦人補導員 心理職 調査官 保護観察官・少年鑑別技官	少年補導員 少年補導委員 青少年指導員 保護司	人権擁護委員会 更生保護婦人会員
労働	●職業安定所(職安−1) ●職業適性相談所(職安−23)	職業指導・ 訓練など・ 高等職業技術専門校		心理職 教官	職業相談員・職業指導員 婦人少年協助員 婦人少年特別協助員	
全般	●総務局(自治体により名称は異なる)	(青少年関係施設)		各種専門職	児童厚生員	青少年育成国民運動推進員 青少年育成国民運動推進指導員 V.Y.S(Voluntary Youth Social Worker)会員

略語の法合名(表中に掲載した順による)
1. 自 治: 地方自治法(昭22)
2. 教育行政: 地方教育行政の組織及び
運営に関する法律(昭31)
3. 児 福: 児童福祉法(昭22)
4. 生 保: 生活保護法(昭25)
5. 身障福: 身体障害者福祉法(昭24)
6. 心障福: 心身障害者対策基本法(昭45)
7. 保 健: 保健所法(昭22)

8. 精 保 福: 精神保健並びに精神障害者
の福祉に関する法律(平5)
9. 警: 警察法(昭29)
10. 裁: 裁判所法(昭22)
11. 予防更正: 犯罪者予防更正法(昭22)
12. 少: 少年法(昭22)
13. 少 院: 少年院法(昭22)
14. 職 安: 職業安定法(昭22)

この表は、平田慶子(1988)をもとに下記の資料を参考にして作成したものである。
1. 総務庁青少年対策本部『青少年白書(平成8年版)』大蔵省印刷局 1996
2. 東京都生活文化局女性青少年部企画課『東京都の青少年 福祉のあらまし 1996』東京都生活文化局 1996
3. 東京都福祉局総務部企画課『社会福祉の手引き 1996』東京都情報連絡室情報公開部 1996
4. 平野龍一・加藤一郎・三ヶ月章編『小六法 平成8年版』有斐閣 1996

資料3－4
スクールカウンセラーの活動の実際―その内容と対象―

活動 \ 対象	教職員	児童・生徒	保護者	他機関・地域資源
ラポート形成＋「学校」の見立て	●職員室での雑談等日常的接触 ●行事・会議への参加	●日常的な接触 ●放課・部活・清掃活動等 ・行事等 ・「通信」の発行	●「通信」の発行 ●行事・PTA活動等での接触	●教育委員会への挨拶 ●地域資源の確認・接触
個別事例に関する「見立て」	●個別事例に関する情報収集 ・担任教師との面談 ・部活等他の教師との面談 ・学年会等	●日常場面での接触 ●個別・グループ面接 ●心理検査等の施行	●個別面接	●生育歴上、又は現在、IPに対し影響を与えている人、事実の調査 ●リソースとなる人、機関の発見、開拓「エコマップ」の作成
カウンセリング	●教師の個人的問題は他機関紹介	●個別相談面接 ●グループ相談面接 ●心理検査	●個別相談面接 ●グループ相談面接	●他機関に紹介する
コンサルテーション	＊対象：生徒を支えるリソース ●事例の見立ての考慮 ●援助の実際に関するもの ・支持・共感 ・助言 ●ケースカンファレンス ●事例研究		＊対象：保護者PTA	＊対象：生徒を支えるリソース 家族・卒業後を支えるリソース 他機関との連携のなかで
コーディネート	●事例に関する情報の提供・示唆 (守秘義務についての考慮) ネットワーキングの中で		PTAのコーディネート PTAとのコラボレーションも可能	●ネットワーク会議
心理教育的活動 (予防・啓発・開発)	●「通信」の発行 ●現職教育：啓発型学習・学習 ●教職員への体験型学習の施行 ●生徒のメンタルヘルスに関する 教師とのカンファレンス	●「通信」の発行 ●講演会 ●体験的学習 ・構成的グループ・エンカウンターetc ・アサーショントレーニング ・ピア・サポートプログラム ●生徒全体への心理検査等の施行 授業・行事・総合学習等の枠で	●「通信」の発行 ●講演会等啓発活動	●講演会等啓発活動
緊急対応・危機介入	●ガイダンス ●コンサルテーション： 必要な情報の提供等	●ガイダンス ●個別面接 ●必要な情報の提供	●ガイダンス ●個別面接 ●必要な情報の提供	

資料3－5
児童虐待の4形態
①身体的虐待：児童の身体に外傷が生じ、または生じる恐れのある暴行を加えること。
②性的虐待：児童にわいせつな行為をすること、または児童をしてわいせつな行為をさせること。
③ネグレクト：児童の心身の正常な発達を妨げるような著しい減食、または長時間の放置、その他の保護者としての監護を著しく怠ること
④心的虐待：児童に著しい心理的外傷を与える言動を行うこと。
　＊虐待は身体的暴力ばかりではないことに留意

心的外傷：トラウマと言われる。精神生活上で、あまりに強烈な衝撃的出来事があり、その体験が心の処理能力を超えてしまうため、その体験に伴う記憶や当時の情緒や感情が、瞬間冷凍されたようになり、「現在に生き続ける過去」となって、数々の精神症状を出すほどの心の傷となってしまうこと。虐待はこの心的外傷体験が反復されている。

通告義務：児童虐待を発見したものは、速やかに、児童福祉法第25条の規定により、「福祉事務所または児童相談所に通告しなければならない」と通告義務を負っている。とくに学校の教職員、児童福祉施設の職員、医師、保健婦、弁護士その他児童の福祉に職務上関係のあるものは、児童虐待防止法で、「児童虐待を発見しやすい立場にあることを自覚し、児童虐待の早期発見に努めねばならない」とされている。

　なお通告という行為は、それによって通告対象となる家族との関係悪化を恐れ、通告を躊躇することが当然予測される。そのため、児童虐待防止法第7条には、「……児童相談所または福祉事務所の所長、所員その他の職員及び当該通告を仲介した児童委員は、その職務上知り得た事項であって当該通告をしたものを特定させるものを漏らしてはならない」と規定さ

れている。これは、法律的には虐待を行っている親等を通告したことが漏れることにより、近隣住民や関係者が通告義務を躊躇することを防ぐために設けられている。

立ち入り調査権：児童福祉法第29条において、都道府県知事（委任により児童相談所長）が、児童の居所等への立ち入り調査をさせることができるとされている。しかし、行政権限の発動としての立ち入り調査には、保護者との摩擦が強くなり、その後のソーシャルワーク援助の支障となること等もあり、慎重に運用されることが多い。

守秘義務の免責：医療関係者や公務員は、職務上知り得たことについての守秘義務を負っているが、児童福祉法に基づく通告義務は、法的根拠に基づく行為と解釈され、守秘義務違反にならないことが児童虐待の防止等に関する法律第六条で明記されている。

リスクアセスメント：虐待の危険度、重症度判断のための指標。虐待予防のネットワークが広がる中、子どもの危険度をどう把握するかをめぐる関係者の意識のズレを防ぎ、有機的連携を促進するために、最も優先すべき事例は何か、とくに何に注意すべきかを知るための評価表。大阪子ども家庭センターの試案があるが、各ネットワークの中で、共通指標づくりに取り組むことが大切となる。

一時保護：児童相談所長は、必要があると認めるときは、児童に一時保護を加え、または適当なものに委託して、一時保護を加えさせることができる。親の意志は保護の要件となっていないため緊急対応時の有効な手段となる。

世代間連鎖：前世代から受け取った体験を、次世代で再生産してしまうこ

と。虐待は、この世代間連鎖が多く、この悪循環の断ち切りも課題と言える。

PTSD：外傷後ストレス障害の略語。非常に強いストレス状況に晒された後、長期にわたって睡眠障害や過剰な警戒心が存在し、覚醒が亢進してイライラしたり、強い恐怖、驚愕、絶望などが何度でも意識に勝手に侵入し、想起されるようになったり、外傷と関連した刺激を回避するようになってしまう状態。

再現化傾向：否認や侵入という特徴をもつトラウマは意識に十分取り込まれないため、その病理としてトラウマ体験は再現するという特徴をもつ。トラウマの再現性は、認知や感情レベルでの再現性に留まらず、行動、対人関係、身体反応などを含む広範囲の領域で反復される可能性をもつ。子どもが、大人の神経を逆なでするような言い方をしたり、大人をわざと怒らせるような態度をとるとき、過去の虐待関係が現在に再現されてしまっているのだろうと理解することが鍵となる。

資料4
ホロニカル・スタディ法の実際（教員対象バージョン）

＜発表と絞り込み＞（5〜10分）

①事例発表者が、「ある児童・生徒のどんなことに困っているか、またその困った場面」に関して語る。短く数分以内。

②司会者は、「いろいろある問題の中で、もっとも問題を具体的に現している場面の中で、今日ここで取り上げたいような、映画でいえばある瞬間のコマとなる場面に絞るとしたら、どのようなときになるでしょうか」といったように、事例発表者が、とくに取り上げたいインシデント（出来事）のある瞬間への絞り込みを行う。

　発表者が取り上げたい場面をなかなか絞れず、いろいろと語る場合には、「できれば全部一度に解決したいところですが、今日、とりあえず、あなたなりに最も取り上げたい場面を何かひとつ思い出していただけませんか？」と場面の視覚的な記憶の想起を促すなどして場面を絞り込んでいく。

＜情報収集＞（10〜15分）

③場面の絞り込み（問題にしたい場面の瞬間の明確化）が終わったら、司会者は参加者に、「後で、自分だったらそのときどうするか、との視点からの対応策を紙に書いてもらいますから、その対応策を提出するために必要となる情報を事例発表者にいろいろと質問してください」と指示する。

　発表者には、聞かれたことだけに答えればいいこと、答えに窮するような質問には答えなくてもいいということを伝えておく。

　場が質問しやすい雰囲気になるために、司会者も随時質問をしてもよい。

④司会者は、質問と応答が促進されるにつれ、対象となっている生徒や親のイメージ、発表者の困っている内容（感情レベル・認知レベル）と、生々

しい力動的関係性が、参加者全員に共有されるように配慮する。

＜対応策の記載＞（5分）

⑤司会者は、「それでは、自分だったらそのときどうするかの意見を、5分以内にこの紙（Ｂ６・白紙）に書いてください。実践ではいつも瞬間・瞬間の勝負ですから、あまり考え込まず思いついたことをさらっと書いてください」「愛情をもって接するといった抽象的表現は避け、"どうしたの顔色が悪いよ"と生徒の右側に寄っていって小さく声をかけるといったように具体化してください」「具体的対応策だけ記載すればいいですが、もしその理由や根拠を書きたい人は、対応策の後に理由を記載してください」「最後に、今日の日付と氏名を記載してください」と参加者全員に紙を配布しながら対応策の記入を求める。

⑥司会者は、5分経過したところで紙を回収する。

＜発表とロールプレイ＞（15〜20分）

⑦司会者は回収された対応策の中から1枚抜き取り、その内容を記載した本人自身に読み上げてもらう。

　このとき、書いていないことを付加したり説明しだしたりした場合は、「すみませんが、まずは書いたとおりに読み上げください」と促す。

　読み上げた後、何か付け加えることがあれば求める。その場合、意見の根拠となる考えがあれば語ってもらうが、とくに言わなくても構わない。

　「毅然と対応する」といった抽象的・一般化された意見だった場合は、「もしこの場面で、毅然と接するときは、例えば先生だったら実際にはどのようにされますか？」と明確化・具体化していく。

⑧司会者は、「それでは実際に、その場面を事例発表者の方に子ども役となってもらってやってみましょう」と、その場にある椅子や机などを場面の再現のための小道具として活用しながら、事例発表者と対応策発表

者の2人により場面を再現してもらう。
　「事例発表者の方は、今の出された対応策に対して、もしその子だったらどのように反応するか、今までの体験や経験から想像して対応してみてください」「対応策の発表者の方は、読み上げた内容に従って実際にやってみましょう。そして子ども役の人の反応をみて、次の対応を即興的に演じてください」と指示する。

⑨スタート時点の2人の立つ位置など確認し、2人の呼吸を整えることを指示してから、「では、はじめてください」と指示する。

⑩やりとりの方向性が決まったあたりで、司会者は「ありがとうございました」と終了（長くても2・3分以内）を宣言し、対応策発表者の労をねぎらう。

⑪参加者が少人数であれば全員による発表と場面再現を実施するが、多人数であれば、最低3人以上で時間内にできる人数を選定し実施する。

＜感想1＞（5〜10分）
⑫司会者は、参加者の中から、「事例検討に参加してみて」の具体的な感想や意見を「1人1分以内」で求める。

＜感想2＞（2分）
⑬最後に、事例発表者自身に、「事例発表をしてみての感想」を求める。

＜終了＞
⑭司会者は、発表者及び参加者の協力に謝辞を述べ終了する。

●執筆者紹介

定森恭司（臨床心理士）第1・8回
　心理相談室"こころ"室長
　元名古屋市教育センター嘱託臨床心理士
　元愛知県臨床心理士会学校臨床心理士コーディネーター
　日本福祉大学大学院非常勤講師
　椙山女学園大学非常勤講師

　　愛知県の児童相談所等、児童福祉現場に長く心理職（心理判定員等）として勤務し、平成7年に県を退職し、心理相談室"こころ"を開設。発達障害・不登校・非行等の児童・家庭の問題の心理相談・地域心理臨床及び学校心理臨床に携わる。

前田由紀子（臨床心理士）第2・3回
　心理相談室"こころ"契約カウンセラー
　愛知県内公立中学校スクールカウンセラー
　愛知県臨床心理士会スクールカウンセラーコーディネーター

　　愛知県の児童相談所、県内自治体の保健センター等で非常勤心理職として勤務。平成7年度開始の文部省調査研究委託事業のスクールカウンセラーとして採用され、以降現在に至るまで、公立中学校にスクールカウンセラーとして勤務している。

中村美津子（臨床心理士）第4回
　名古屋市教育センター嘱託臨床心理士
　愛知県内公立中学校スクールカウンセラー

　　精神神経科や大阪市の児童相談所で非常勤心理職として勤務。平成7年度開始の文部省調査研究委託事業のスクールカウンセラーとして採用され、現在に至るまで公立中学校にスクールカウンセラーとして勤務している。

花井正樹（臨床心理士）第5回
　元東海学院大学　教授
　元愛知県内公立中学校スクールカウンセラー
　元名古屋市子ども適応センター指導主事
　元名古屋市立新明小学校長

　　名古屋市立の中学校の社会科の教員として勤務し、昭和63年より子ども適応相談センターにて不登校の子ども及びその保護者の心理相談を担当。教師と臨床心理士の両方の視点から長年学校現場を見てきた。

定森露子（臨床心理士）第6・7回
　心理相談室"こころ"チーフカウンセラー
　元名古屋学院大学学生相談室カウンセラー
　元金城学院大学非常勤講師

　　愛知県の児童相談所等、児童福祉現場に長く心理職（心理判定員・児童福祉司等）として勤務し、平成9年に県を退職し、心理相談室"こころ"のチーフカウンセラーとなる。発達障害・不登校・非行等の児童・家庭の問題の心理相談・地域心理臨床及び学校心理臨床に携わる。

教師とカウンセラーのための
学校心理臨床講座

2005年2月25日　初版第1刷発行
2016年4月5日　初版第2刷発行

編　者　定森恭司
発行者　杉田啓三
発行所　株式会社昭和堂
　　　　〒606-8224
　　　　京都市左京区北白川京大農学部前
　　　　振替口座　01060-5-9347
　　　　TEL：075-706-8818 FAX：075-706-8878

©定森恭司ほか　2005
印刷　亜細亜印刷
ISBN4-8122-0431-3
落丁本・乱丁本はお取り替えいたします。
Printed in Japan